災害に強いまちづくりは

互近助の力

～隣人と仲良くする勇気～

防災システム研究所　所長
山村　武彦【著】

ぎょうせい

はじめに

1　トイレに感謝して1日が始まる

いきなりトイレの話で失礼！　**用を足した後、レバー（ボタン）ひとつで排泄物を爽快に流してくれるトイレ。その光景に毎回感動する。これは凄いことである。**だから、カミさんに「変な人」と言われても、毎朝「ありがとう」と声をかけ、健康を支えてくれた証を敬意と感謝を込めて見送るのだ。便器を造ってくれた人、送水してくれた人、上下水道を造ってくれた人、地面を掘削し配管してくれた人。鉄や配管を造ってくれた人、流された先で排泄物を処理してくれる人。トイレひとつとっても、様々な人やコミュニティがあって、この快適なシステムがある。そして、食材となってくれた動植物、それを調理し提供してくれた人、農家・漁師・牧場、排泄物になるまで消化咀嚼してくれた内臓、父母、ご先祖様。すべてが今の自分の体力、気力、命に直結している。もちろんこの「ありがとう」には、自分を取り巻く居場所（地球、国、自治体、会社・地域・隣人など）や食事を作ってくれたカミさんへの感謝も入っている。

家、電気、水道、ガス、ゴミ処理、情報・通信、エレベーター、エスカレーター、電車、自動車、飛行機、道路、橋・流通・金融などなど、**ありとあらゆるものが気の遠くなるような数のコミュニティとスタッフのおかげで提供・維持されている。また、それを利活用する老若男女がいてこそ社会が成り立つ。すべてが必要な存在。**さらに、治安や生活の安全を守る警察、消防、自衛隊など、それぞれのコミュニティが持ち場立場で責任を果してくれている。どこかで誰かが少しでも手抜きをすれば、たちまち生活や社会が乱れる。すべての存在に感謝なくして一日たりとて暮らせるものではない。しかし、それが常に正常に機能し続けるとは限らない。いったん災害やトラブルが発生すればすべてが暗転する。快適な社会システムは一瞬にして崩れ去る。**排泄物がずっと流れないトイレを想像したことがあるだろうか。それはもう、恐ろしいことになる。**

2016年熊本地震。自宅が全壊し命からがら避難所に避難した男性(70)は、日記の中で「汚いトイレは2時間待ち、毛布1枚では寒くて痛くて眠れない、まるで地獄。3日目、ついに高熱を発し救急車で運ばれ入院」と書いていた。いつでも自由に入れるトイレ。レバー(ボタン)ひとつで流せる清潔なトイレ。あれはどこへ行ったのか。みんなが呆然自失に陥るのは、災害による恐怖だけでない。**日常の当たり前の暮らしがどれほど快適で贅沢だったか、失って初めて思い知る。**そのショックもあって呆然となるのだ。災害直後、一時的に押し寄せる膨大な避難者たち、そのすべてに満足のいく環境を提供するのは物理的にも困難だ。1日や2日はやむを得ないが、できるだけ早く体制を立て直す仕組みが必須。中には未だに「立って半畳、寝て1畳、雨露しのげばそれで重畳」などと、人間の生存空間を固定概念で考えるものもいる。

発災直後の**一般的な避難所スペースは、1人約1畳、トイレは50人に1台。避難所の質の向上を目指す国際基準であるスフィア基準では、1人約2畳、トイレは20人に1台が目安。日本の避難所環境は、防災大国とは言えない水準**である。名古屋大学エコトピア科学研究所の調査によると、東日本大震災時、その仮設トイレすら避難所にいきわたるまでの日数は、3日以内が34%に過ぎず、66%の避難所で3日以上かかっている。最大60日以上かかったという避難所もあった。熊本地震では、過酷な避難生活で関連死と認定された人は、直接地震で亡くなった人の4倍を超えた。東日本大震災でも関連死は３７０１人（２０１８年9月現在）であった。我が国は本当に防災大国と言えるのだろうか。激甚災害から生き残っても、その後にさらに厳しい避難生活が待っている。

たとえ家や家族が無事であっても、断水や下水管が損壊すればトイレは流せない。残り湯で流せば逆流したり、思いもよらぬところから噴き出すおそれもある。**日ごと溜まる排泄物はたちまち耐え難い悪臭を放つ。汚れたトイレ、流せない排泄物はどんな人間をも萎えさせ、誇りや尊厳を打ち砕く。**庭に穴を掘った人が雨に流れる汚物を前に涙していた。

臭い、汚い、暗い「3Kトイレ」を恐れ、水・食料の摂取を控え体調を崩す人もいる。トイレがいつも気持ちよく流れているのは、もしかしたら夢のような出来事なのかもしれない。1日でも電気、ガス、水道、電話を止めて在宅避難生活訓練をしてみれば、本当に大切なものや必要なものが見えてくる。水・食料と併せて非常用トイレの備蓄が極めて重要。

世の中に絶対安全などありはしない。すべてがきわどい需給バランスや危機管理の上に維持されている。それでも激甚災害の前に万全はない。それぞれが脆弱で壊れやすいコミュニティの集合体である。人は好むと好まざるとにかかわらず、いくつかのコミュニティ(居場所)に所属している。その恩恵を享受するだけでなく、それを支える義務と使命もある。**互いに譲り合い支え合わなければ、自分たちの心地よい居場所は維持できない。コミュニティや隣人は決して敵ではない。みんなどこかでつながっているかけがえのない仲間。失って初めてその重要さに気付く。**

2　隣人は選べない

「人は、何を食べるかも大切だが、もっと大切なのは誰と食べるかである」。時間を共有する「誰か」によってその居心地は変わる。成人すればある程度誰かは選べる。しかし、人生のスタートから選択することはできない。**産まれる時代、国、住む地域、コミュニ**

ティさえ選べない。赤ちゃんの場合、家庭環境はおろか性別、容姿、才能、体力、体質など、どれも自分で選んでいないように思うが、**父母がいてご先祖様がいて、自分という特性を持った身体・生命・心を授かったのは結果として必然である。**比較すれば、環境や特質によって優劣はきっとあるだろう。しかし、比べることにあまり意味がない。恨んでも悔やんでも羨んでも変わらないとしたら、その現実を諒としてありのままを受容するしかない。その上で、自分の特性を利活用し、心地よい居場所をつくればいい。

何のために生まれたのか、生きる意味をずっと自問し続けてきた。だが、その答えは容易に見つからない。しかし、まだ目も見えない**産まれたばかりの赤ちゃんでさえ、誰にも教わらないのに乳房をまさぐり渾身の力を込めて懸命に乳を吸う。**環境の優劣や人生の目的など超越した一途さで、精いっぱい生きようとする小さな命に胸を打たれる。それだけで周りを笑顔にし、幸せな気分にする。それを見ていると、**きっと、人は生きることを目的として産まれてきたのだと結論付けたくなる。どんな境遇であっても、自分らしく、地道に丁寧に、生きて生きて、生き切って死ぬ。それもただ生きるだけでなく、心と身体と周囲に心地よいことを与え続けることではなかろうか。**自分だけ、そして**身体だけの心地よさ（生理的快感依存）だけを求めれば、結果として快楽の海に溺れる。**自分の良心と隣人たちの心にも心地よいことでなければ破たんする。心地よさは健康にも通じる。例えばおいしいものを食べたときや、好きな人と話しているとき、ボランティアをしたり、人に感謝されたり、生きがいを感じたときなど、心と身体がリラックスして心地よいと、よい脳内ホルモン（ベータ・エンドルフィンなど）が分泌される。よい脳内ホルモンが分泌されると鎮痛効果や気分の高揚・幸福感が得られるという。結果として**心地よい居場所づくりが幸せづくりになる。**

産まれたときのスタートラインは選べずとも、その後の人生は思い通りとは言えないが、ある程度は変えることができる。そして、食べることだけが生きることではなく、誰と食べるかを選択するのも心地よい居場所づくり。その人の価値観であり生きるスタンス。住む国や地域も、勤務する会社も、学校も、一定の制限や条件はあるにしても、ある程度選択の自由や余地はある。だが、そこで時間を共有する隣人を望みどおりに選ぶことは難しい。例えば、引っ越すアパートやマンションの造りや環境は事前に調べられる。しかし、向こう三軒両隣にどんな考えの、**どんな隣人がいるかは住んでみなければわからない。**会社を選ぶことはできても、机を並べ毎日顔を突き合わせる上司や同僚がどんな心情の人なのか、勤務してみなければわからない。選んだ学校でも先生や同級生の性格まで選ぶことはできない。つまり、人はある程度の枠組みは選択できても、コミュニティや隣人の属性をすべて選ぶことは難しい。それに毎日会っていたとしても、いつまでたっても理解できない相手もいる。そうした前提を踏まえれば、隣人との付き合い方が一層大切となる。何かあっても、それで終わりではない。また顔を合わせなければならない。それは他の人も同じ。**彼らから見れば自分も選ぶことのできなかった隣人のひとり。大切なのはお互いの距離感と立ち位置。**いい人や優しい人だけでなく、変な人や、心の通じない人、苦手な人、悪い人だっているかもしれない。それでも、そのコミュニティに属し生きることが目的であれば、**偏見を排しある程度の多様性を受け入れ、できる限り包摂の精神で隣人と仲良くするしかない。そして自分も彼らにとっての良き隣人になるのだ。**深い付き合いはしなくても、とりあえず気持ちよく笑顔で挨拶が交わせる間柄になればいい。コミュニティや隣人は心地よい居場所づくりの構成員であり仲間。それを実際に成功させた先進事例（105ページ～）も多い。詳細は本文に譲るが、**まずは肩の力を抜いて隣人と仲良くする勇気を持つこと。**

3　敵は「3つの危機」

今、我々は次に掲げる3つの危機（強敵）に直面している。

(1)　少子高齢化・人口減少

(2)　地球温暖化によって多発する激甚災害

(3) 公助の限界

平均寿命が延びれば高齢化が進むのは当然で、普通に考えれば喜ばしい限りだ。問題は少子化だという。2019年4月、総務省が発表した人口推計によると、外国人を含む日本の総人口は1億2644万人（2018年10月1日時点）。減少は8年連続で、統計を取り始めた1950年以来最大の減少率となった。人口減少（少子化）には、主に3つの要因がある。1つ目は、生涯未婚率（50歳を過ぎて結婚歴がない人の割合）の増加。2015年の国勢調査でも、生涯未婚率は、男性23・4%、女性14・1%。2つ目は、晩婚・晩産化で、結婚年齢が上がれば出産年齢も上がる。3つ目は、平均出産児数の減少、結婚した夫婦が産む子どもの平均数の減少である。長期的視点で見てみる（図1）。鎌倉時代の人口は757万人だったし、明治元（1868）年のときでも3330万人であった。明治以降急激に日本の人口は伸び、ピークは2004年で1億2784万人。それがこのままの減少率でいくと2100年の推計人口は、3770万人。なんのことはない、**今後100年かけて100年前の明治元年の人口に戻ることになる。**しかし、そのまま減少し続ければ、国家存亡の危機に陥ることは間違いない。政府や自治体は、これまで少子化対策として数兆円の予算をつぎ込んできたが、少子化の流れは一向に止まる気配はない。

そして、もう1つの危機が、地球温暖化が原因とみられる気象災害の激甚化・多発化である。近年、雨の降り方が激甚化している。気象庁によると、２０１８年までの10年間に全国の時間当たり降水量が50㎜を超える降雨は３１１回。これは統計を取り始めた１９７６年からの10年間（２２６回）と比較すると、１・４倍。今や「気象災害と社会状況が新たなステージに入った」ことは間違いない。高齢者（災害弱者）が増えた上に災害が激甚化・多発化すれば犠牲者が増加する。

にもかかわらず、地方公務員数はむしろ減少傾向にある。平成の大合併以降で見ると、２００５年を１００として、人口１０００人当たりの地方公務員数は軒並み10～20％減少している。

図1　「我が国における総人口の長期的推移」

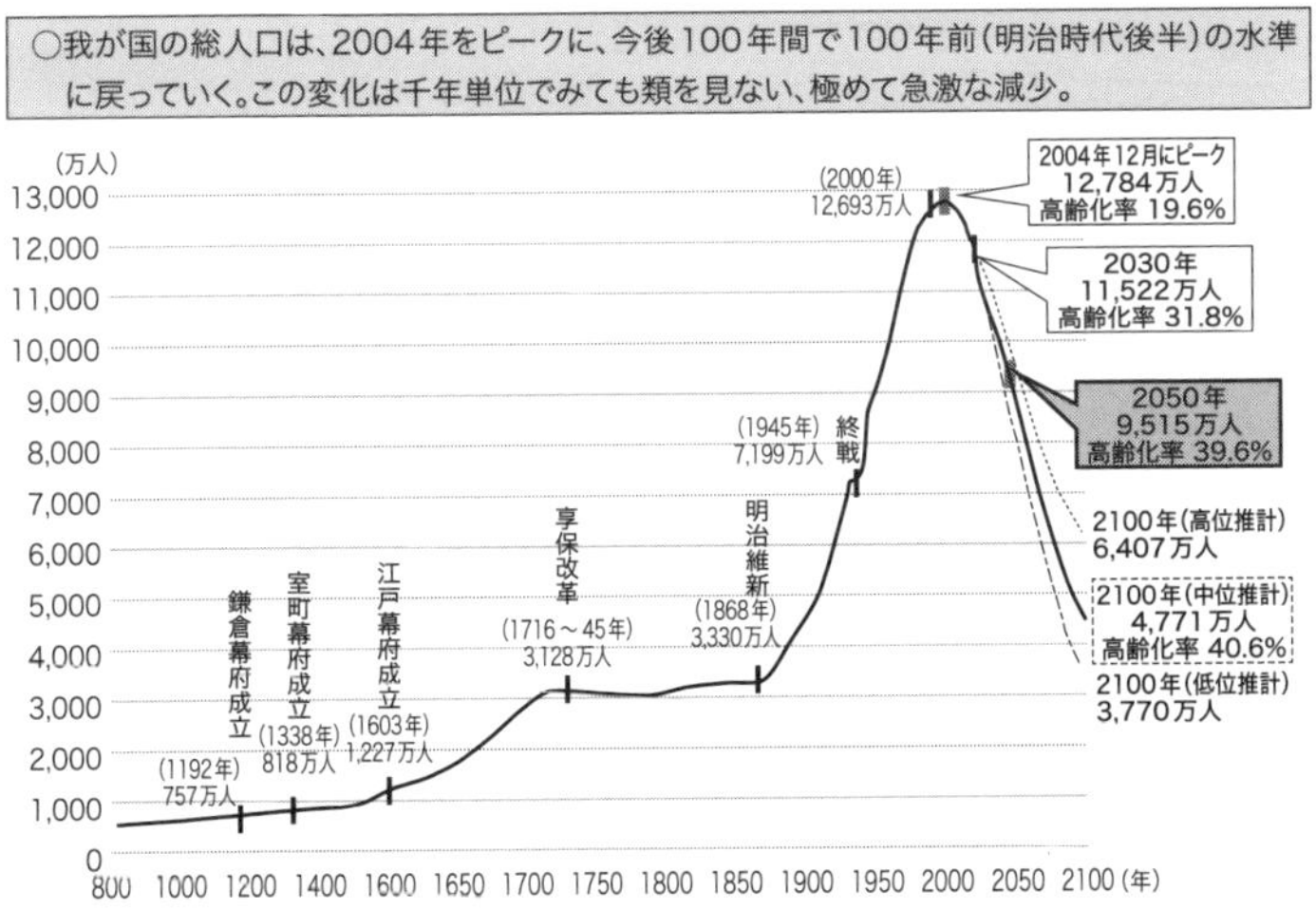

出典：国土審議会政策部会長期展望委員会（平成23年2月21日）

元々**日本における公的部門職員数は世界主要国内で最低レベル**（図２）。総務省の資料によると、人口１０００人当たりの公的部門における職員数は、フランス89・７人、イギリス78・８人、アメリカ78・４人、ドイツ57・９人、日本33・６人。これには中央政府職員、政府企業職員、地方政府職員、軍人（自衛隊）を含んでいる。今後電子政府・電子自治体化が進めば、職員数はさらに減少していき「公助の限界」は時代の趨勢となる。

　平成30年７月豪雨（西日本豪雨）から５か月後の２０１８年12月12日、中央防災会議の防災対策実行会議ワーキンググループが「平成30年７月豪雨を踏まえた水害・土砂災害からの避難の在り方に

図２　「人口1000人当たりの公的部門における職員数の国際比較」

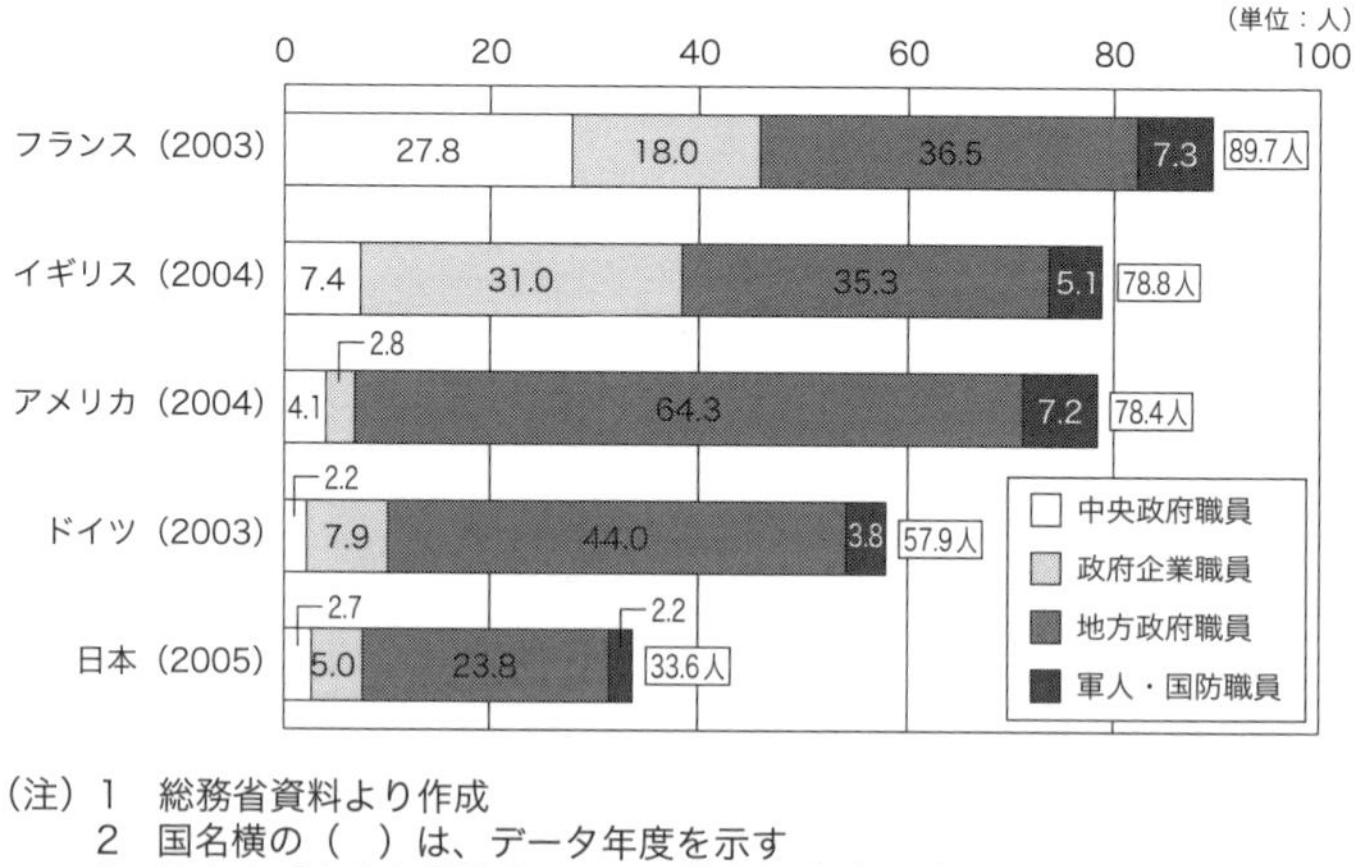

（注）１　総務省資料より作成
２　国名横の（　）は、データ年度を示す
３　日本の「政府企業職員」には、独立行政法人（特定及び非特定）、国立大学法人、大学共同利用機関法人、特殊法人及び国有林野事業の職員を計上
４　日本の数値において、独立行政法人、国立大学法人、大学共同利用機関法人、特殊法人及び軍人・国防職員以外は、非常勤職員を含む

に「行政は防災対策の充実について」の報告書を提出。その中で、今後の基本姿勢として、「行政は防災対策の充実に不断の努力を続けていくが、地球温暖化に伴う気象状況の激化や、行政職員が限られていること等により、突発的に発生する激甚な災害に対し、既存の防災施設、行政主体のソフト対策のみでは災害を防ぎきれない。地域の高齢化や外国人の増加など防災行政を取り巻く状況はますます厳しくなることが予想される。防災対策を今後も維持・向上していくためには、行政を主とした取り組みではなく、国民全体で共通理解のもと、住民主体の防災対策に転換していく必要がある」と述べている。**一言で言えば「行政主体の防災から、住民主体の防災へ転換せよ」という方針転換である。言い換えれば、中央防災会議が「公助の限界」を宣言**したことになる。今まで「防災対策はお上の仕事」が完璧で「日本は防災大国」だった?のであるから、本音を吐露したのは一歩前進と言える。

東日本大震災時、多くの自治体職員、警察署員、消防職・団員、民生委員など防災関係者が多数犠牲になった。行政職員や防災関係機関だからといって、地震や津波が手加減してくれるわけではない。そして物事にはすべて限界がある。どんな機関でも例外はない。人員の限界、予算の限界、能力の限界。税金で賄われる公的機関だからこそ限界があって当然。だからといって職員が住民保護の当事者のひとりであることに変わりはない。それぞれに時系列の「対応限界」を明確にした上で、住民主体の防災対策や住民同士が助け合う仕組みやコミュニティを指導する責任がある。

公助に限界があるとすれば、その安全の死角と空白域を埋めるのは自助と共助と「互近助」。共助とは、自主防災組織、自治会組織などの「広い地域のみんなで助け合う」という概念であり、住民同士が助け合うということは極めて重要。ただ、「みんな」という顔の見えない不特定コミュニティや「行政」に依存し過ぎて、自分や家族の命が守れなくても「みんな」や「行政」は責任など取ってはくれない。というより責任の取りようもない。**自分や家族の命を他に丸投げせず「原則は自己責任」**。しかし、個人の力にも限界がある。だから顔の見える隣人同士で助け合うしかない。本書は安全で安心できる心地よいまちづくり、ずっと住み続けたい安全・安心の災害に強いまちづくりに資するため、その課題と対策を提案する。ご参考にしてくだされば幸甚の極みである。

令和元年　夏

山村　武彦

目　次

第2章◆心地よい居場所づくり

目次

目次

目次

第1章

隣人と仲良くする覚悟と勇気

1　近隣トラブルとその対処法

(1)「人生におけるすべての悩みは対人関係にある」

こう喝破したのは、心理学者のアルフレッド・アドラー博士（1870～1937）。心地よい居場所づくりに欠かせないのは、隣人との人間関係。「隣」という語源は、その昔中国のコミュニティ制度に出てくる。5家を隣、5隣を里、5里を党（村落・郷村）として、それぞれに長（責任者）を置いた「三長制」が由来と言われる。同じ中国で5戸を「保」とする「5保の制」もあった。それを含め隣保制度と呼ぶ。隣近所の家が、5軒くらい集まった最小コミュニティが「隣」。つまり、隣人とは近くで暮らす人たちを指す。身近な隣人と仲良くするのは、自分や家族のためにも重要である。人はひとりでは生きていけないし、誰でも人と人との温もりを求めている。みんなそれはよくわかっている。しかし、**隣人関係は1つ間違えると近隣トラブルに巻き込まれることもある。**

2014年9月に公表された近隣トラブル意識調査（日本法規情報株式会社）がわかりやすいので引用させてもらう（図3）。アンケートはネットを通じて実施され、回答者数1050人（男性412人、女性638人）。その集計結果を見ると、近隣トラブルに遭ったことがない人が57％に対し、**近隣トラブルに遭ったことがある人は43％に上った。**つまり約40％の人が近隣トラブルに遭っている。その内容としては「騒音」と答えた人が最も多く31％であった。次いで「ペットの排泄物や鳴き声」15％、「違法駐車」13％、「ゴミの不法投棄」10％、「境界線の問題」9％、「理由がわからないが難癖をつける人がいる」8％、「タバコの煙・ポイ捨て」7％、「車体への傷」と回答した人7％という結果であった。

⑵　近隣トラブルの事例

マンションの騒音事例を見ると、「隣人に事あるごとにクレームを言われる。16時に洗濯機を使っていたら『非常識な時間に洗濯機を使うな』と言われた」「1年前に新築マンションを購入し

図３　「ご近所トラブルの主な内容」

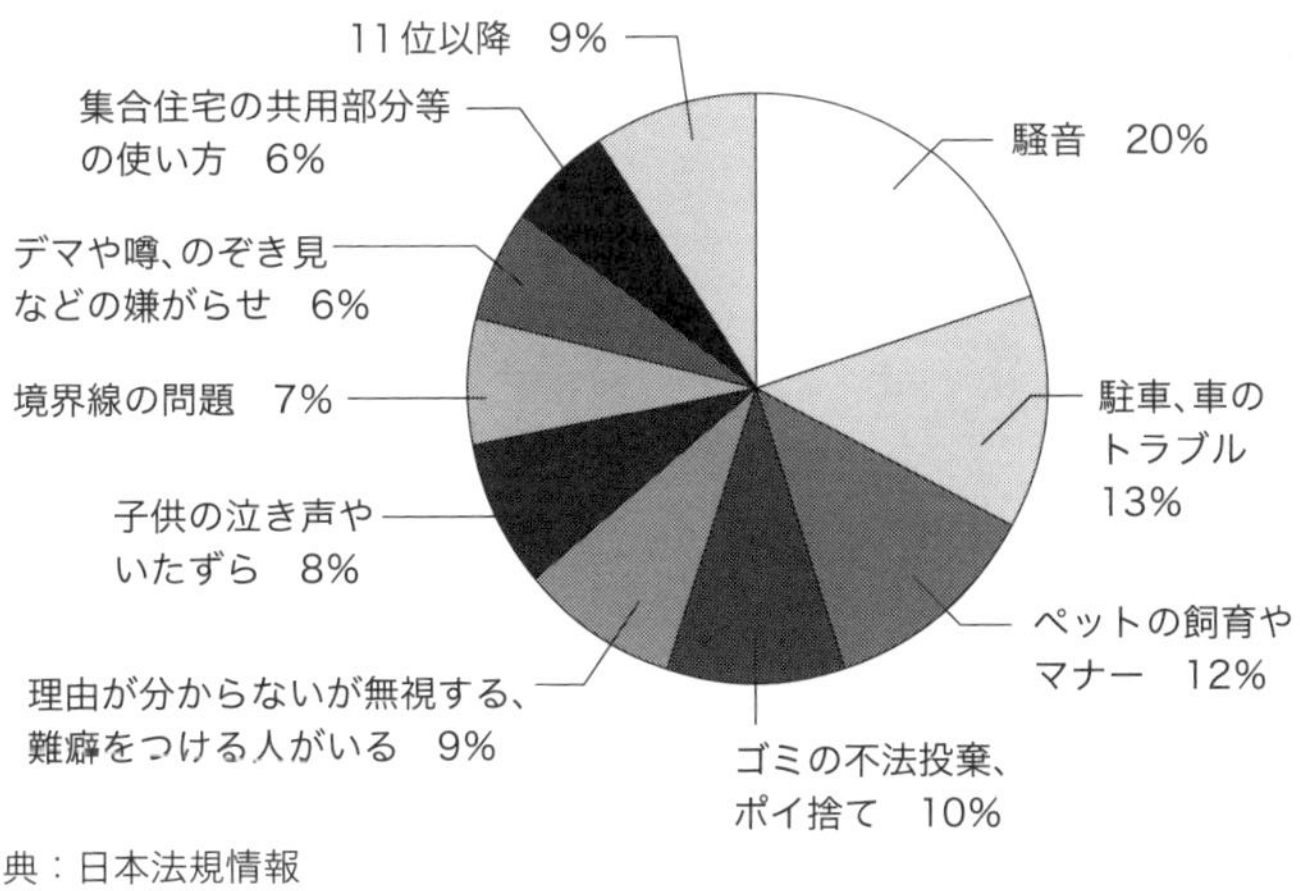

出典：日本法規情報

たが、下の階の住人から『音がうるさい』と天井を棒のようなものでつつかれ、ドアに生卵をぶつけられた。あとで配管を伝わって聞こえてくる他の部屋の生活音が原因と判明、しかし下の階の住人から謝罪の言葉もない」。戸建てのペット事例では「隣家で犬を5匹飼っているが、うちの庭に5匹で侵入し糞をする。保健所の指導もあったようですし、警察にも言いましたが、注意する程度で事態はまったくよくなっていない」「近くの犬が主人を噛んで、20針縫う大けがをした。次は子どもが犠牲になるかもしれないと思うと怖くて散歩もできないと、慰謝料と薬殺を要求したが無視された」など多岐にわたる。

住まいが賃貸物件であれば大家さんか管理会社へ相談するのが一番だ。困っている内容、発生日時、主な状況を連絡。それが1〜2回程度であれば同じ建物に住む者として「お互い様」と考えるが、頻繁に起きる事象であれば必要に応じ対象者への連絡や注意をしてもらう。もし、逆恨みが怖ければ匿名の相談として取り扱ってもらうようにする。マンション、アパートなど集合住宅の騒音問題は意外と設備トラブル（水道管のウォーターハンマー現象など）で起きることも珍しくないため、直接対象者にクレームをぶつけるより管理会社か大家さんに相談するほうがいい。戸建てで自分の家だけでなく他の家にも影響がある問題であれば、町内会・自治会へ相談。「近隣の騒音で困っている人がいるようです」というような回覧を回してもらったり、迷惑ご近所宅へ投函してもらうなど、ワンクッションおいてコミュニティの問題として扱ってもらう方法もある。いずれにしても「誰が」「誰の音で」と特定するより、その辺をあいまいに表現してもらい、**できるだけ相手を傷つけない方法や角が立たないように工夫する。**あまり追い詰めるのは得策ではない。

騒音だけでなく「悪臭」や「ゴミ処理」に関する近隣トラブルの場合、管理会社、大家さん、当事者同士の話し合いを重ねても改善されなければ自治体の役所へ相談に行く。役所だとあくまで当事者間での話を軸に進めてくれるので、他のご近所を巻き込まないで済む場合が多い。ただし、**身の危険を感じたり、著しく健康被害に至る問題であれば、早めに警察署に相談する。**とくに、迷惑ご近所さんの行動が異常で危険や恐怖を感じたら、直ちに警察へ相談するべき。そのほか、自宅にごみや汚物が投げ込まれたりする悪質な犯罪や嫌がらせに遭った場合、必要なのはその「証拠」。防犯カメラを設置する、写真を撮る、不在時などは状況に応じて私立探偵などに依頼するなど、客観的証拠があれば警察も対応しやすい。また、どうしていいか迷ったら、弁護士会が地域ごとに開く無料法律相談会に相談してみる方法もある。

(3) 隣人との付き合い方、ほどよい距離感と挨拶

こうした近隣トラブルを見聞きすると、人間不信に陥る。だからこそ**隣人と仲良くするに**

は、それなりの覚悟と勇気が要る。様々な個性や異なる感性、異なる生い立ちや価値観、異なる宗教・政治信条などを持った人が近くで暮らすのだから、多少のトラブルは不思議ではない。そのため隣人と仲良くしたところで自分に何の利益もないと感じたり、トラブルに巻き込まれ自分が傷つくかもしれないなど、ネガティブに捉えて隣人とは没交渉でいたほうが楽だと考える人もいる。

重要なのは、ほどよい距離感と普段の挨拶。プライバシーには深入りしない。家族ぐるみで親密になり過ぎると、最初は良いが、頼まれごとが断りづらくなるなど、互いに負担に感じることもある。隣人との付き合いは、ほどほどが長続きする。距離間を保って付き合うのがコツ。そして、大切なのは挨拶。**顔を合わせるたびに挨拶を交わしていると、多少のトラブルや騒音も問題にならないことが多い。**許容限界やお互い様の受忍限度が広がり、トラブルになりにくい。近隣トラブルを防ぐためにも普段からの隣人関係が大切である。ネガティブに考えるのは、リスクの過大評価とモチベーション（目的意識）が明確にされていない場合が多い。アルフレッド・アドラー博士はこう述べている。「人が生きていくためには共同体（コミュニティ）に所属することは欠かせない」「人は居場所がないと感じると、精神を病んだりアルコールに溺れたりする」さらに**「礼儀を欠かさない態度を貫けば、それ以上に関係が悪化することはない」**とも。ここで言う礼儀を欠かさない態度とは、**「あなたを大切に思っている」**という敬意を伝えることではないだろうか。そして、相手にとって自分は良き隣人かという自問自省も必要である。隣人と仲良くできれば心地よい居場所になる。そして、前述した3つの危機が隣人との連携を求めている。3つの危機とは、高齢化が進むことによる災害弱者の増加、極端気象災害の多発化、その上公助の限界。ひとりでは対応できない、となれば頼りは向こう三軒両隣。まずは近くのコミュニティ・隣人同士が助け合うしかない。つまり、時代という趨勢が隣保共助を求めている。

前述のアンケートで、隣人と仲良くしないで困ったことを聞くと「気の合わない人だと思って、お隣さんとは付き合いをしていなかったら、子ども同士も仲が悪くなってしまい、学校で気まずくなった」「子どもが保育園の時代はよかったのですが、小学生になり集団登下校になったとき、子どもが周囲の子になじめず登校拒否状態になって困った」など、親の付き合い方で子どもに影響が及ぶこともある。また「マンション内の人と一切関わりをもっておらず、ボヤ騒ぎがあった時に火事なのか故障でベルが鳴っているのか、避難すべきかどうなのか、どこへ避難するのか、周りの人が避難しているのか、相談できず、何もわからず不安で困った」「ゴミ出し日が変更になったことの連絡が来なかったので、ずいぶん困った」「隣人たちとは付き合わないことにしていたら、町内会のお祭りや盆踊り、冠婚葬祭など地域総出イベントの案内が来ないので困った」などなど。

私は20年以上前から「防災隣組」や「互近助」という考え方を提案してきた。講演の際は受講者に「まずは向こう三軒両隣と仲良くすること」そして「ほどよい距離感で相手に関心を持ち、いざという時は、ためらわずに声を掛け助け合う」ことを勧めている。すると「これまでご近所とはあんまり付き合いがないのだが、どうやったら仲良くなれるのか？」とか「どんな行動を取れば仲良くなれるのか」という質問を受ける。絶対の共通法則も魔法の虎の巻

Column

近隣トラブル対策のまとめ

(1) 近隣トラブルで多いのは、騒音、ペット関連、違法駐車、ゴミの不法投棄、境界線問題、難癖、タバコ関連の順。

(2) 近隣トラブルが起きたら、管理会社や大家さん、自治会（町内会）や役所へ相談。それでも解決しない場合は弁護士に相談。

(3) 警察ではすべての問題を解決できない。しかしながら不審者情報や嫌がらせなど、実際の被害につながりそうな場合は、証拠を集めて警察に相談する。

(4) 弁護士に相談したいときは、法テラス、自治体、弁護士会などの法律相談会へ。近隣トラブルに強い弁護士を紹介してもらい、まずは相談し、対策や見通しを立てる。

(5) 犬にかまれた、大音量の迷惑行為、あからさまな嫌がらせ、近隣の工事による健康被害など、裁判によって近隣トラブルの決着をつけたケースも少なくない。

(6) べたべたした付き合いをせず、プライバシーに深入りしない。ほどよい距離感で。

(7) 普段からの気持ちよい挨拶で、近隣トラブルになりにくい。

もないが、あえてキーワードを挙げるとすれば、それは「挨拶」と答えている。すべての人間関係は「挨拶」から始まる。アンケート調査で「近隣トラブルに遭ったことがある」と答えた人で、隣人たちと普段からきちんと挨拶を交わしていると答えた人が38%、「近隣トラブルに遭っていない」という人では、普段から挨拶を交わしていると答えた人が75%に上った。**挨拶をきちんとしている人は、近隣トラブルに巻き込まれる率が少なくなる傾向にあるようだ。**

2 すべては挨拶から始まる

(1) そもそも挨拶とは?――印象の決め手は初頭効果

「挨拶」の語源は、禅宗で問答を交わしながら、相手の悟りの深浅を試すことを「一挨《いちあい》一拶《いっさつ》」と言ったことからと言われる。辞典には、挨拶とは「人に会った時や、別れる時などに取り交わす礼にかなった動作や言葉」「会合や集会の席で、改まって祝意や謝意を述べること」とある。挨拶の「挨《あい》」は押すまたは開く、「拶《さつ》」は迫る・近づく。つまり、**挨拶とは人に近づき心を開き言葉を交わすこと。**当たり前のことだが、たとえ好人物でもちゃんと挨拶ができなければ、人格が疑われ人間関係にも影響する。きちんとした挨拶はコミュニティにおける礼儀作法の基礎であり、人間関係を構築・維持するための必須要件。出会ったときに、挨拶を交わさなかったり無視すれば、何か敵意を持っていると勘ぐられたり受け止められかねない。

初頭効果という言葉がある。特に初対面の挨拶でその人の印象が決まる。初頭効果とはポーランドの心理学者のソロモン・アッシュ博士が行った印象形成実験によって提唱されたもの。**「最初に示された特性が記憶（印象）に残りやすく、後の評価に大きな影響を与える」**という心理効果。これは対面だけでなく、電話などで話す言葉の順番でも印象が大きく変わることを証明している。この初頭効果実験では、ある人物（Oさん）の性格を表す形容詞を2つのグループに分けた被験者に見せた場合、形容詞を並べた順番の違いで、受ける印象にどのような影響を与えるかを調べている。Aグループには「Oさんは、知的で、勤勉で、衝動的で、批判的で、頑固で、嫉妬深い人」と説明。Bグループには「Oさんは、嫉妬深くて、頑固で、批判的で、衝動的で、勤勉で、知的な人」と紹介。その結果、Aグループでは「Oさんに好印象を持った」と判定されている。「知的」という形容詞が最初に提示された初頭効果で「多少のマイナス面があっても、能力のある人」という印象が残った。Bグループは最初に「嫉妬深い」というネガティブなイメージの言葉が提示されたことで「Oさんは、実力はあってもうまく能力が出せない人」という悪い印象を与えた。つまり、最初に受けた言葉や印象がその後も残り、後々の全体に影響する。**第一印象は7秒で決まり、初頭の印象はずっと尾を引く**とも言われる。いかに初対面の態度や挨拶が重要かを物語っている。

反面、一般的に動物は、自分に近づくものに対し警戒又は排除しようとする本能が働く。特にテリトリー（領域・なわばり）を侵そうとするものを激しく威嚇し、さらには一方的に攻撃することもある。守るもの、保護すべき子どもがいる場合やフラストレーション（欲求不満）があっても攻撃の源泉になる。そうした本能が種の保存につながり、連綿とＤＮＡに組み込まれてきたのかもしれない。そして、警戒しながら近づいてくるものには、その警戒心が相手に伝搬し、必要以上の警戒心を誘発する。人間も多かれ少なかれ動物的本能を持っている。こちらが初頭効果を良くしようとしても、警戒されることもある。**「引っ込み思案」「人見知り」もある面での警戒本能なのかもしれない。**それでも群れ（コミュニティ）から離れては生きられないのが人間である。

⑵　隣人と仲良くするための立ち位置

隣人と仲良くしようと思ったら、自分にも隣人にもそうした動物的本能があることを理解することが大切だ。こちらから極力警戒心を持たないようにして、信頼できる相手として気軽に近づくと、相手もあまり警戒せず対応してくれる場合も多い。つまり、肩の力を抜くこと。緊張すると相手も緊張するし、余分なことを言ってしまったり、変な受け答えになってしまったりする。後から「あれは言わなければよかった、こうすればよかった」となれば、結果として自分のストレスにつながる。最初に良い印象を与えることは極めて重要。そして、**相手が不快を感じると思われるテリトリーに立ち入らない、立ち入らせない。**肩の力を抜いて対応し、相手が嫌がることを避けられるような、ほどよい立ち位置と距離感。隣人への期待値を上げすぎず、ありのままを受入れ理解する。**コミュニティや隣人に上下はない。親しくなったと思っても、上から目線やため口ではなく、年齢性別に関係なく敬意をもって接することを心がける。**それが隣人としての礼儀。毎日する挨拶だからといって事務的ではなく、誠意と感謝を込めて気持ちよい挨拶を心がける。それは結果として自分の心の平安にもつながっていく。

3 「返報性の原理」と「笑顔」

(1) 笑顔の底力

アメリカの心理学者アルバート・メラビアンの「メラビアンの法則」では、**人が人の印**

象を決めるのは「声のトーンや非言語コミュニケーション（ノンバーバルコミュニケーションとも言う）と言われる態度・表情が55%」「話し方38％」「言葉7％」の割合であるというもの。挨拶では言葉以上に非言語が相手に与える印象を左右する。仏頂面で面倒くさそうにボソボソ挨拶するのと、笑顔で明るく挨拶するのでは天と地ほど印象が変わる。例えば、すれ違っても目を合わせない人は「シャイ」「懐疑的」「非同意的」と見られる。胸の前で腕を組むと「身構えている」「拒絶的」ととられる場合がある。いつも笑顔で目を合わせる人は「誠実」「同意的」とされる。生後2～3か月の赤ちゃんがミルクを飲んだ後や睡眠中に、笑顔を見せることがある。それは「神様のくすぐり」「天使の笑顔」「新生児微笑」などと言われるが、赤ちゃんの笑顔は生後に学習したものではなく、生まれつき備わった能力である。そして発育過程ではさらに能動的になる。誰かが顔を近づけると笑ったり、5～6か月すると、お母さんや特定の人に笑顔を見せたり、あやすと声を上げて笑ったりする。人は、まだ言葉を発する前から、笑顔で自己を表現し周りにいる人との関係性を創っていく。**赤ちゃんの笑顔は「自分の無防備をカバーするための、笑顔の武装」**といった生物学者もいる。近づいたものも天使のような笑顔を見たら害を加えることなどできるはずもない。笑顔が最大の武器になっている。そして、必ず赤ちゃんを笑顔にするという人にそのコツを聞くと「コツなんてありません、もしあるとすれば、こちらが満面の笑顔と明るい態度と声で接することでしょうか」という答えが返ってきた。明るい笑顔がさらに笑顔を招いている。

1991年湾岸戦争のとき、バクダッド市内で治安維持任務に就いていたアメリカ軍の兵士たちにこんな話がある。ある地域に足を踏み入れた途端、突然不穏な男たちに取り囲まれる。部族の宗教指導者をアメリカ軍が捕らえに来たと勘違いしたもの。状況を察した指揮官は、兵士に向かい「銃を下せ、そして全員スマイル！」と命じた。兵士たちの満面の笑顔を見た男たちは、敵意がないと察知し彼らも笑顔を取り戻し危機は回避された。その指揮官は緊張地域を転戦してきた歴戦の指揮官。彼は**「同じような状況下で最も有効な手段は、銃よりも、言葉よりも、スマイルだった」**という。笑顔に国境はない。銃で威圧するより、よほど相手の理解を得やすい。マザーテレサさんも「平和は微笑みから始まります」と言っていた。そう言えば、アメリカ人はすれ違っただけや、エレベーターに乗り合わせた初対面の人にも目が合うと「ハーイ（こんにちは）」「ハゥワユー（元気？）」などと気軽に声をかけてくる。声をかけないまでもニコッと顔全体で微笑みかける。それは多民族国家に住む者の防衛本能が働き、見ず知らずの人に対しても「敵意はもっていない」と真っ先に表明する必要があるからだという。さらに、そこには「ミュラーニューロンという神経細胞」の存在があると言われる。前頭葉の領域に「他者に共感する能力」（ミュラーニューロン）が存在し、苦しんでいる人を見ると自分も他者の苦しさに共感し、他者の笑顔を見るとミラーニューロンが働き、幸せな気分を共感し自分も同じような気分になるという。そのせいか、笑顔で陽気に話しかけられたら、こちらも笑顔で応じざるを得ない。それがイケメンや美人だったらなおさら。返報性の原理もあって、笑顔の波動が広がりエレベーター内の緊張空間を和ませる。エレベーターから先に降りる際も「ハヴァ・ナイス・ディ（良い1日を）」と言い残す。**笑顔は無防備な赤ちゃんを守り、兵士への敵意を取り去り、多国籍社会の潤滑油にもなる。**

(2) 返報性の原理がつくる人間関係

隣人との挨拶はアルバート・メラビアンの言うように、態度・表情55％。隣人関係は明るい笑顔がキーワードなのかもしれない。**「返報性の原理」とは、人から何か与えられたら「お返しをしないと申し訳ない」という心理作用**をいう。心理学者のロバート・B・チャルディーニは、著書『影響力の正体』（岩田佳代子訳）の中で、断りづらい状況をつくる演出を「恩義のルール」と呼んでいる。彼の言う恩義には「債務」のニュアンスも入っている。考古学者のリチャード・リーキーは「我々が人間であるのは、祖先が食べ物や技術を分かちあうことを、恩を返すという素晴らしいことをネットワークの中で学んできたからである」と述べている。文化人類学者のライオネル・タイガーとロビン・フォックスは、こうした「恩義のルール」や「返報性の原理」を、人類ならではの隣人にうまく対応するメカニズムとしている。老若男女、国籍、信条を問わず、**人間には受けた行為にはお返しをしなければと、まるで債務を負ったように感じる本能がある。受けた恩は石に刻み、恨みとかけた情けは水に流せ。**

バレンタインデーにチョコレートをもらった男子は、それが義理であろうとホワイトデーにお返しをしなければ気が済まない。お返しをしてようやくホッとする。返さずにはいられなくなるのも恩義のルールと返報性の原理。バレンタインデーとホワイトデーはチョコレート業界の成功戦略とも言われるが、この原理を応用したビジネスはたくさんある。例えば食品売り場の試食作戦。「味見してみてください。どうぞ!」と言われて一口食べると、なぜか買わないと悪いような気がして、ついつい買ってしまう。宮崎空港で一口試食したために1個5000円のマンゴーを買ってしまったことがある。これも返報性の原理(心理)かもしれない。好意には好意が返され、悪意には悪意が返されるという動物的本能があるとしたら、**悪意を持たれないためにも、隣人への積極的な笑顔作戦(気持ち悪がられない程度)が近隣友好に欠かせない。**口に出さないまでも会釈と笑顔に込める言葉がある。「どうも」「おはよう」「さようなら」「ありがとう」と心を込めると笑顔はさらに美しく相手に響く。

笑顔と共に挨拶で大切なのは「前向き（ポジティブ）な言葉」と「認識の共有」。例えば「嫌な雨ですね」より「いいお湿りですね」の方がいい。もちろん、大雨警報が出るような豪雨の時は「すごい雨ですね、災害が起きないといいですけど」と言えば、懸念や認識が共有しやすい。互いが肯定・同意し得る言葉であれば、頷き賛意を示す言葉や態度が返ってくる。これは相手から自然に「小さなＹＥＳ」を引き出すアプローチの心理テクニック。一般論であっても共有できる事柄であれば、否定するよりむしろ受け入れる方が消費するエネルギーやハードルは少なく、互いの考える傾向（ベクトル）が一致していれば、警戒心が取り除かれ好意的な反応を示す可能性が高い。その瞬間、お互いの琴線が小さく共鳴する。王貞治さんも「幸運の女神は笑顔と謙虚な人のところに集まってくる」と言っている。

欧米人に言わせると「日本人はいつもお天気の話しかしない」「あまりジョークを言わない」という。しかし、まだ価値観の分からない隣人との挨拶で政治、経済などの込み入った話はタブーだし、とっさにジョークは思い浮かばない。そういうときは微笑みとか、ささやかに共感できる会話がベターである。例えば、地元の学校が甲子園に出ていたら「〇〇高校の初戦、勝つといいですね」とか、前日の雷について「近くに落ちたようですね」など、身近な情報で容易に共有できる話が無難である。人間とは大きく打てば大きく響く太鼓のようなもの。軽い話題ほど反応しやすい。そして**笑顔には笑顔、誠意には誠意が、思いやりには思いやりが返されてくる。**ときに鏡を見て、自分はどんな表情で挨拶しているか確認してみる。挨拶するときは相手の目を見て（アイコンタクト）挨拶する練習も。もちろん例外はあるが、とりあえず隣人を信頼し隣人の目を見て元気よく「おはようございます」と「笑顔の挨拶」から始める。たいていの人は笑顔で反応してくれるだろう。それは「私を認めてくれている人」として、そこから存在認識と信頼関係が創られるからだ。笑顔、頷きのキャッチボール（返報性）が人間関係とコミュニティを創っていく。ただインド人の場合、「その通り」「ＹＥＳ」という時には首をゆっくり横に振るので、要注意。ベトナムの禅僧ティクナット・ハン師は、**「平和で幸せであるならば、私たちは微笑し、花のように咲き開くことができます。家族全員、社会全体が、私たちの平和の恩恵を受けます。微笑みが人生を美しくするのです」**と述べている。

普段から隣人と言葉を交わしていれば、災害発生時などでも、「大丈夫ですか」と互いの安否確認の声がかけやすくなる。そのためにも、**マンションでも戸建てでも、回覧板を回すことも大切。**それもポストに入れるのではなく、顔を見て手渡しすることを勧めている。互いに微笑み合える雰囲気、普段から言葉を交わす仕組みができていれば、声をかけやすくなる。

Column

隣人と仲良くする10か条

1. 挨拶は、肩の力を抜いて、先手必勝（相手の挨拶を待たず、気付いた方が先に言う）
2. 挨拶は、前向きの言葉に笑顔を添える（明るい笑顔が、相手の笑顔を誘う）
3. 敬意をもってほどよい距離感（親しき中にも礼儀あり、プライバシーに深入りしない）
4. 自慢しない、嫉妬しない、比べない、噂話はしない（コミュニティに上下なし、陰口・悪口は言わない）
5. 褒めるより感謝する（上から目線で褒めない、その存在を認め、感謝し、敬意を払う）
6. 相手の嫌がることはしない、言わない（自分がされて嫌なことはしない、言わない）
7. 困った時はお互い様（辛いときや苦しいときは隣人や行政に助けを求める。隣人もできる範囲で対応）
8. いざというときはためらわずに声をかける（向こう三軒両隣に声をかけ、安否確認、避難は一緒に）
9. 地域行事に積極参画（お祭り、盆踊り、清掃、冠婚葬祭など、できる範囲で積極参画）
10. できる人が、できる事を、自分のために（安心まちづくりは、自分の心地よい居場所づくり）

第2章

心地よい居場所づくり

1　失われたコミュニティ

(1)　熊本地震

２０１６年４月熊本地震発生！「震度７」２回を含め、７日間に震度６弱以上の揺れが７回観測された連続大地震。死者２６７名、負傷者２８０４名、全壊８６７３棟、半壊３万４７２６棟という甚大な被害となった。後から前震と呼ばれた最初の地震（Ｍ６・５）は４月14日21時26分。地震後テレビの災害特別番組に出演し、翌朝熊本に入った。最初にめざしたのは震度７の益城町。街中に入ると、傾いた家、地面の亀裂、折れた電柱や倒れたブロック塀など被害集中箇所が散在。時折「ドシン！」という直下地震特有の短時間の揺れ。指定避難所の益城町総合体育館内は思ったほど混雑していなかった。避難者たちは異口同音に「まさか、熊本で地震があるとは……」と驚きを隠せない。住民たちも大地震は想定外だった。中継や取材を終え、その夜の宿は熊本市内のビジネスホテル。その時はまだ電気も水道も大丈夫だった。震源の浅い直下地震は余震が多発する。懐中電灯を枕元に置きジーンズをはいたまま、荷物をまとめて午前０時過ぎにベッドに入る。寝入りばなの午前１時25分、下から突き上げる激しい衝撃と揺れ。後から本震と呼ばれる地震（Ｍ

7・3）で市内は震度6強。前震の約16倍の地震エネルギー。そして停電。

再び震度7に見舞われた益城町では、昨日無傷だった住宅が至る所で倒壊、コンクリートの電柱が折れて道をふさいでいた。前震による死者は9名、本震による死者が41名。本震で亡くなった人の4人に1人は、前震後いったん避難し、その後帰宅した人たちだった。前震直後、気象庁は「揺れが強かった地域では今後一週間程度、震度6弱程度の余震に注意して下さい」と述べていた。会見を見て、これ以上大きな地震は来ないと思って家に帰った人が犠牲になっている。「余震に注意」という言葉に惑わされたのかもしれない。

益城町が指定していた避難所の多くが損壊。無傷の避難所に被災者が殺到し、入りきれない人たちがあふれた。比較的新しい家までもが連続大地震で倒壊。次は自宅が危ないとの不安感が高まり、広場や駐車場に毛布を持ち込んで寝る人が多かった。県の展示施設・グランメッセ熊本の駐車場は約2000台の車で埋まり、

2016年熊本地震

益城町だけで車中泊者は延べ数万人。**熊本地震による直接死者は50名だったが、認定された震災関連死は218人（2019年4月現在）。なんと直接死の4倍以上。**

家を失った人たちは、体育館の避難所から応急仮設住宅、そして復興公営住宅へと移っていく。そのほか、賃貸共同住宅などを自治体が借り上げ被災者に住まわせる、「みなし仮設」などで生活再建まで長く困難な戦いが続く。そうした避難生活中に3年間で直接死の4倍もの関連死が出ている。「知らない人ばかりで気が休まらない」。自治体やボランティアが絆づくりの催しを開いても、集まる人はいつも限られた人だけの場合もある。70代の女性は「友達や近所の人とはバラバラになってしまった。不安と寂しさで毎日が辛い。もう死にたい」と漏らす。震災前は何でもない普通の暮らしや地域、顔なじみの商店や友人たち。**人は所属していたコミュニティを失うと居場所も失う。**新たな居場所に溶け込むには時間とエネルギーがいる。

(2) 東日本大震災

東日本大震災の関連死のうち、約60％に当たる2250人が福島県内の人である。その福島県における関連死の90％（2025人）が66歳以上だった。それも東京電力福島第一原子力発電所事故（以下「原発事故」）によって避難した人たち。**これは震災関連死で**

はなく原発事故関連死と呼ぶべきかもしれない。痛ましい限りである。

福島県双葉郡浪江町に住んでいたYさん（51）。東日本大震災当時、Yさんは町の中心部で住宅機器の取り付けを請け負う工事店を経営していた。原発が爆発したと知り、妻と5人の娘・母親の計8人は2台の車に分乗し西へ移動。以来、浪江町津島の公民館、会津若松市の体育館、猪苗代市のホテルなど計8か所の避難所を転々とする。震災直後、一番苦労したのは食料確保。「放射能汚染が警戒され支援物資は県境で留め置かれ届かない。遠くのスーパーに食べ物があると聞いて行くと、おにぎり6個とお菓子だけ。子どもと両親に食べさせ、自分と女房は水でがまんした」と言う。心臓を病んでいたYさんの父親は医療機関を渡り歩いた末、震災5年目に「こんなところで死にたくねえ」と泣きながら82歳で亡くなった。浪江町で震災関連死に認定された人は、425人に上る。Yさん自身もストレスによる腎臓疾患に苦しめられた。奥さんが腎臓を提供し、移植手術でYさんは一命を取り留める。子どもたちは行く先々の学校でいじめにあったが必死に耐えた。「自分も営業を再開したが、いわきナンバーの車で行くと、放射能お断りと言われたことが何度もあった。子どもたちはもっとひどかっただろう」「みんな、ストレスが頂点に達していたが、ぎりぎりのところで家族が支え合っていた」と振り返る。

そして、**家族の一番のストレスはコミュニティを失って根無し草になったことだとい**

う。どこにも自分たちが所属する居場所がない。震災前に長年住んでいた地域には、幼馴染やたくさんの知人、友人がいた。電話、メール、SNSで毎日頻繁にコミュニケーションが取られていた。互いの家に家族を連れて集まることも多かった。あの時は間違いなく確かな居場所があった。転々と避難して行く先々はみんな知らない人たち。そして、浪江町から来たと聞いただけで微妙な反応を示されるので、よそ者コンプレックスを感じていた。「自分たちは今、どこのコミュニティ（地域、町内会、学校、職場）にも属していない。以前はそんなこと考えてもみなかったが、今になって、**人はどこかのコミュニティに所属していてこそ自分の居場所があると知った。**元いた町のコミュニティは散り散りになり、仲間も戻ってこない。今、自分たち家族の居場所はどこにもない。その不安感と居心地の悪さで身の置き所のない不安感とストレス。そして**「仮設や、みなし仮設で死んでいった人はコミュニティをなくしたための孤独死だと思う」**と言う。

(3) 他者承認欲求とコミュニティ

Yさんの自宅周辺は、避難指示が解除されても、放射線量が高いままであった。震災から7年目、「二本松市の隣の大玉村に家を構えることにした。そして、そこのコミュニティに入れてもらう」とYさんは決意し新たな挑戦が始まった。

人がコミュニティへの帰属を求める本能には、他者承認欲求も作用している。他者承認欲求とは、他人やコミュニティから理解されたい、認められたい、好意と敬意を持って受け入れられたいという欲求である。他者からの称賛や尊敬、社会的地位や名声を得ること。またはコミュニティにおいて一定の役割を果たし評価されるなど、コミュニティの一員として仲間として認められたいという願望。アメリカの心理学者アブラハム・マズローの「欲求5段階説」でも、①生理的欲求、②安全欲求、③所属と愛の欲求、④承認欲求、⑤自己実現欲求となっている。生理的欲求と安全欲求の次に、所属欲求と承認欲求がくる。身体や命の安全が確保できたら、人が求めるのはコミュニティへの帰属であり、そこにいていいのだという保証や存在を認めてもらうことだ。再度アルフレッド・アドラーの言葉を引用したい。「人が生きていくためには共同体（コミュニティ）に所属することが欠かせない」「人は居場所がないと感じると、精神を病んだりアルコールに溺れたりする」。

応急仮設住宅で自殺した82歳の女性は「ここには知り合いが誰もいない。隣人と話しても話が合わないので何日も誰とも話していない。もう何もかも嫌になった」と遺書を残していた。**福島県内の東日本大震災関連自殺者が7年間で100人を超えた。**これは全国の震災関連自殺者の約半数を占める。原発事故の影響で震災前の町（コミュニティ）に戻れず、約4万人以上の福島県民が今も避難生活を続けている。福島大学が2017年に行った、原発事故で大きな被害を受けた双葉郡の住民を対象にした実態調査では、半数以上がうつ病に近い傾向を示したという。自殺未遂で間一髪救助された男性Tさん（62）は「避難指示解除や帰還のめどが立たず、友達や親しくしていた隣人を失って、誰と話してもつまらなくなって、もう死んでもいいかなと思った」と言う。避難場所を回っていた精神科のO医師は、長く馴染んだコミュニティから離れ、長期化する避難生活によるストレスで心身耗弱・うつ状態となり、発作的に自殺を決意したのでは、と言う。**災害は家や町を破壊するだけでなく、コミュニティを壊し人の心と人生をも破壊する。**人はコミュニティを失うと弱い。人は群れの中でしか生きられないのかもしれない。

Column

在宅避難

毎年、小学校や中学校への避難訓練を繰り返していると、大地震発生時は避難所に行かなければならないと思い込んでいる人がいる。これは誤った認識。もちろん、津波、洪水、土砂災害、大規模火災、避難勧告などが出た場合、及び危険区域にいる場合は、ただちに安全な避難場所に避難する必要がある。しかし、家が壊れなかった人や危険区域以外の住民、身の安全が確保できた元気な人は、避難所ではなく自宅で暮らすことになる。どこの市区町村であっても、**全ての住民を収容できる指定避難所のスペースはない。**

ひと口に避難所・避難場所というが、実は大規模火災などから一時的に避難する「広域避難場所」や自宅の近くに一時的に集合する「いっとき避難場所」「一時集合場所」、さらには災害により損壊し自宅に住むことができない人を収容する「指定避難所」がある（地域によって名称は異なる）。災害時に家を失った被災者が一定期間生活する場所が「指定避難所」。この指定避難所で誰でも暮らせるわけではない。自治体が定める一般的な避難所収容基準では「指定避難所に収容する人は、家が壊れた人、避難指示、避難勧告対象地区の住民、津波、土砂災害、洪水、ガス漏れ、大規模火災など危険な区域、あるいは二次災害のおそれがある地域の住民」となっている（地域ごとにニュアンスが異なる）。つまり、避難所収容基準に満たない住民は、電気、ガス、水道、電話などの社会インフラが途絶した中、自宅で暮らすことになる。それを「在宅避難」「在宅避難生活」と呼んでいる。

そこで、年に一度でいいから**自宅の電気、水道、ガス、電話を止めて1日でも2日でも暮らしてみる「在宅避難生活訓練」**をお勧めする。すると、半日も経てば冷蔵庫から水が漏れだし、庫内食品の腐敗も始まる。懐中電灯1つでは暗くて暮らせないことがわかって、部屋全体を照らすランタンの必要性を痛感する。換気扇が停まると、家中汚物やトイレの匂いに悩まされる。やはり消臭剤、凝固剤の準備が欠かせない。災害時の疑似体験をすることで、本当に備蓄すべきものがはっきりと見えてくる。それに、電気、水道、ガス、電話などのインフラが使えなくても、**避難所より自宅の方がよほどよく眠れる。**災害時でも心地よい居場所で生活することが大切。

2 「いじめ」に負けても、逃げてもいいじゃないか、頑張り過ぎない

(1) 深刻な若者自殺率

２０１９年3月28日、警察庁は「２０１８年中における自殺の状況」を発表。それによると、全国の自殺者総数は2万８４０人で前年と比べると４８１人（２・３％）減少し、37年ぶりに2万１０００人を下回った。その一方で、10代及び70代、80歳以上の自殺者が前年より増加している。目を引くのは10代の自殺者数が前年比32人増の５９９人と、２・９％増加したこと。10万人当たりの自殺者数を表す「自殺死亡率」が、前年より増加したのは10代だけ。自殺を裏付ける遺書などにより、明らかに推定できる原因や動機を、自殺者１人につき３つまで選んだ回答を集計すると、19歳以下でもっとも多かった自殺の原因・動機は、「学校問題」で１８８人、ついで「健康問題」が１１９人、「家庭問題」が１１６人、特に男性自殺者では約４割が「学校問題」であった。学校別の自殺者数は、小学生７人、中学生１２４人、高校生２３８人、大学生３３６人、専修学校生などが１０７人。厚生労働省が公開した「２０１８年版自殺対策白書」によれば、若い世代（15〜34歳）の死因第1位が自殺となっているのは、先進国で日本だけだという。フランス、

ドイツ、カナダ、アメリカ、イタリアの同世代における死因第1位はすべて事故死であるため、国際的に見ても日本の若い世代の自殺死亡率は極めて深刻だ。白書によると各国の**10代の自殺死亡率は、ドイツ7・7%、アメリカ13・3%、イギリス6・6%だが、日本は17・8%と突出**している。

ＷＨＯ（世界保健機構）によると、日本は２０１５年に世界でもっとも自殺率が高い国の1つだったが、景気浮揚や自殺予防対策などにより全体の自殺率は減少傾向にある。にもかかわらず、若い世代の自殺率が増加しているのはなぜか。親や教師の聞き取り調査では、子どもたちが亡くなる前に明らかにしていた心配事としては、卒業後の進路など「進路問題」が33人、「家庭内不和」が31人、「いじめの問題」が10人。しかし、遺書などの書き置きを遺さなかったため、自殺の理由が「不明」の児童・生徒は１４０人に上った。親や教師が把握していないだけで、10代の自殺理由の多くは、「いじめ」などの「学校問題」ではないかとする識者も多い。

⑵　コミュニティの正義といじめ

学校や職場というコミュニティでの陰湿ないじめは、当事者でなければその辛さはわからない。ネットやＳＮＳなどのある種逃げ場のない閉鎖空間でのいじめほど悪質なものはない。クラス全員から無視され、ネットやSNSで匿名の根も葉もない中傷・嫌がらせ、見ず知らずの者からも便乗罵倒を浴びる。今まで付き合っていた友人も自分が標的になることを恐れ離れていく。教師に相談しても、おざなりの対応しかできない。逆に相談したことが知られれば、さらにいじめが激化する。学校における自分の居場所を失ったとき、自分という人格まで全否定されたと受け止め、自殺を考える傾向にある。

人は古来、一対一では到底かなわない獣を倒すため、あるいは他の集団に負けないために集団（コミュニティ）を形成することで生き残ってきた。コミュニティにとって一番の武器は集団のチームワークであり結束力。一番の敵はコミュニティの結束を乱す者、敵と対峙したときに戦力にならないものやお荷物になるものであった。コミュニティとはそうした異質者やコミュニティ基準の逸脱者をはじき出すことで種の保存を図ってきたとも言われる。ちょっと目立つ行動や言動による嫉妬を買うもの、空気が読めない、非協力的、スタンダードと異なる考えや行動など、集団秩序を乱すものとして排除しようとする本能がコミュニティにはある。規範意識が高いコミュニティほどいじめが起こりやすいとも言われる。

だから、いじめ問題の解決に即効薬はない。いじめは教師や親が努力すれば、一定改善はあるかもしれないが根絶はできない。**排除の論理ではなく包摂の寛容を醸成すべきなど**

という、**きれいごとだけでは済まされない。ピアサポーターのように近くの隣人・仲間が守らない限り、いじめを見て見ぬふりしている限り、いじめはなくならない。**本当は、隣人と仲良くし互いに守り、助け合うことが必要だとわかっていても、コミュニティの一員となると集団の正義が優先される場合もある。**集団は理性を鈍化させる。**子どもだけでなく大人社会でもいじめがなくならないのは、そうしたコミュニティDNAの所以かもしれない。もしかしたら、いじめられ側はそのコミュニティとの相性が悪いのかもしれない。だとしたら無理して頑張らなくていい。これは学校だけでなく職場でも同じ。不条理なハラスメントにも隣人の助けが得られなければ、法的に闘うか転校・転職するしかない。

Column

とりあえず相談してみる

- 「24時間子供SOSダイヤル」／0120-0-78310（なやみ言おう）（24時間）
- 「いのちの電話」／0570-783-556（なやみこころ）（24時間）
- 「チャイルドライン」／0120-99-7777（午後4時〜午後9時）
- いのちの電話インターネット相談（https://www.inochinodenwa.org/howto.php）
- 「いのち支える相談窓口」（https://jssc.ncnp.go.jp/soudan.php）
- 「よりそいホットライン」（http://279338.jp/yorisoi/）

(3) 人生は毎日が危機管理

人生経験の浅い世代は、物事を俯瞰し複眼・多角的に見ることが難しい。ただ知ってほしいのは、コミュニティは1つだけではなく、たくさんあるということ。そこに居場所がないと感じたら、ほかの居場所を探せばいい。家族や親せきに相談し転校や引っ越し、あるいは転職も考えるべき。**人生は毎日が危機管理。心地よい居場所に移るチャンスかもしれない。危機の「危」は文字通りリスクだが、もう1つの「機」はチャンス。**危機管理では「結果の重大性」が重要。それは判断や行動の優先順位を決める順番。優先すべきは「失ったら取り返しのつかないこと」だ。取り返しのつかないことの第1位は「命」。せっかく生を受け、これからいろんな経験ができる。そして、様々な出会いや胸ときめく展開が待っている。にもかかわらず「命」を失ったら、もうやり直しも取り返しもできない。自死すれば悲しむ人たちもいる。もっと自分の命に責任を持つべきだ。生きる目的は、生きて生きて生き切ること。いじめなんかで死んではいけない。死なせてはいけない。世の中にコミュニティはたくさんある。そこに居場所がなければ、新しい居場所を見つければいい。どこにもなければ新しく創ればいい。視点を変えて自分に合ったコミュニティを探し所属すれば、新しい展開が拓ける。そのコミュニティがだめなら、またほかのコミュニティもある。

そして危機管理の優先順位第2位は「時間」。失ったら誰にも取り返せないのは「時間」。というよりタイミング。タイミングを失ったら、取り返しがつかない。もし、新しいコミュニティに移りたければ、そのタイミングは決断した「今」。もう少し頑張ろうとか、いつか状況が好転するかもしれない、などと淡い期待を持たないこと。死んだと思えば何でもできる。多少の軋轢があっても相談し決断したら行動を起こすべき。そのタイミングは命を失わないため、身体的なものだけでなく「命」には「心」も入っている。**心が傷つき折れてしまわないうちに、タイミングを計って行動する。**「いじめなんかで死んでたまるか」。**ともかく、我慢し続けない、頑張り過ぎない。**

3　本当に大切なもの

「幸せとは……」などと、今さら分かった風な口をきくつもりは毛頭ない。幸せの定義は人それぞれ異なり、その人の価値観と感性で享受するものだから。ただ、50年以上内外の災害現場で被災者やその家族の話をたくさん聞いてきた。時折彼らの表情や言葉を思い返す。すると、国籍、年代、性別、地域は違っていても、共通のフレーズがあることに改めて気付く。

「何気なく一緒に食事をしたり、テレビを見たり、ゲームをしたり、笑ったり、怒ったり、泣いたりしてきた家族や友人たち、そして隣人やコミュニティ。失って初めてその存在の大きさを知った」

「家族や親友を亡くし、これからどうやって生きて行けばいいのかわからない」

「普段からもっともっと子どもの話を聞いてあげればよかった」

「もっと一緒にいる時間をたくさんつくるべきだった」

「当たり前の平凡な生活、あのなんでもない単調で静かな暮らし、今思えばあれが幸せというものだったのかもしれない」

自分を責め、泣き崩れる背中に、かける言葉は見つからない。災害は前触れなく発生し、突然大切な人や生活を奪う。そして、失われた命や心、コミュニティは二度と戻ってこない。中国・四川大地震（２００８年）の現地調査に行ったとき、被災地の横断幕には**「地震無情・人有情」と書かれていた。「地震は無情、されど人に情けあり（助け合ってがんばろう）」**と解釈した。今、つくづく思うのは**社会も人間も極めてデリケートで壊れやすいものだ**ということ。失って初めて本当に何が大切かを知る。自分にとって、守るべきものの優先順位が明確になる。地球は人に優しく恵み深き惑星。その反面、大雨、洪水、地震、津波、噴火など過酷な災禍を突然もたらす気まぐれで油断のならない星。その地球で暮らすということは、安全・安心という細く頼りないタイトロープを渡っていくようなもの。わずかでもバランスを崩せば、一気に奈落に転落。水も空気も光も、みんな自然の贈り物。自己を過信したり、自然を超越・征服・蹂躙したりするのではなく、**自然の中で生かされていることに感謝し畏れながら、大切なものを失わないように共存するしかない。**時折、自分にとって本当に大切なものは何かを自問自省し、**身近な人ほど、感謝と誠意をこめて日々接するべきではないか。**

4 究極の「自助」は、心地よい居場所をつくること

(1) 「安全な場所に住む防災、安全な場所にする防災」

大切なのはコミュニティ、自分の居場所と隣人。そして立ち位置。災害発生時、その人がその時どこにいたか、どこに住んでいたかによって生死が分かれる。今まで日本の防災は、「逃げる・守る防災」が重要と考えられてきた。それも大事ではある。しかし、半世紀ほど災害現場を回って得た教訓は、これからの防災は**「逃げる・守る防災」と共に「安全な場所に住む防災、安全な場所にする防災」**にシフトしなければならないということ。危険が迫っても、逃げなくてもいい安全で安心できる居場所で暮らす。特に家族が一番長

く過ごす場所が災害に強い家であり、コミュニティでなければならない。建物を建てたり選んだりする前に、その地域・場所の地盤、地形、危険度などの地勢的リスクを検証する。

平成30年北海道胆振東部地震では、亡くなった多くが土砂災害によるもの。大雨だけでなく急傾斜地近くであれば地震によって土砂災害も発生する。また、この地震では15市町村で約2900か所の液状化現象が発生。ただ液状化による人的被害はほとんどないが、対策をしないと同じところで繰り返し発生する。

震源から約60キロメートルも離れた札幌市清田区でも大規模な液状化現象が発生したが、ここは2003年9月の十勝沖地震のときも同じ場所で液状化が発生していた。市の説明によると、そこは昔、複数の小河川があった場所で、その川を暗渠にして造成された宅地。一見さほどでもなくても、少しでも家が傾いてしまうと健康被害が生じ、もう住めなくなる。それだけでなく土地や建物の経済評価は激減。周囲で液状化が起きると、建

平成30年北海道胆振東部地震／札幌市の液状化

物に被害がなくても敷地に段差が生じたり埋設管が破損したりして、ライフラインにも支障が出る。東日本大震災のとき、千葉県浦安市では液状化により上下水道が1か月、ガスは半月以上停まった。液状化が発生しやすいのは、砂や火山灰を多く含む緩い地盤で地下水位が高い場所。

(2) 安全は与えられるものではなく、自ら努力しつくるもの

埋め立て地だけでなく、河川の流域、過去に川や湖沼だった場所、沢を埋めて盛り土した造成地、砂利採取跡地など内陸でも起きる。過去その地域で発生した災害やその土地の成り立ちを古地図などで履歴を確かめるとともに、地名の変遷などにも注意すべきだ。過去にその土地がどんな状況だったかを知るために、**例えば国土地理院のホームページから「主題図（地理調査）」というサイトを開くと、活断層図、土地条件図、標高地形図などが出てくる。**中でも明治期の低湿地データは、液状化との関係が深いデータとして極めて役に立つ。同地理院の「土地条件図」のページでは自分の地域の土地がどう分類（山地、台地、段丘、低地、水部、人工地形など）されているかも知ることができる。また、札幌市のホームページには、液状化危険度マップ（ハザードマップ）が公開されていた。今回液状化が発生した地域は、このマップで危険が想定されていた地域。こうしたハザードマッ

プは市区町村のホームページで見ることができる。

ほかにも海岸や河口付近で津波警戒区域なのか、山間地に近い急傾斜地で土砂災害や洪水警戒区域なのかという危険区域指定の有無など立地状況の確認も大切。もし、液状化の恐れがある地域であれば、地盤改良などの対策をすればいい。**自分や家族の命を守る居場所のために、ひと手間かけるコストとエネルギーを惜しんではならない。**政府は津波の浸水1mで人は死亡すると発表している。海岸に住むとしたら津波浸水想定マップでどこまでが許容範囲かなど、住む前に検証確認する必要がある。今は宅地建物取引の際、そうした危険情報は重要事項説明対象となっているものもある。それでも自分で調べない限りわからない。**安全・安心は誰かが与えてくれるものではなく、自ら努力してこそ得られるもの。**つまり、自分自身で自分や家族の居場所の安全を確保することが究極の「自助」第一歩。

5 幸福の秘訣は脳内ホルモンと心地よい居場所

アドレナリンというホルモンは、副腎髄質や交感神経末端から分泌される神経伝達物質の1つ。交感神経が興奮した状態のときに多く分泌されるという。生命の危機・嫌悪・不安・恐怖・怒りを感じたとき、あるいは集中力を要求されるようなときに分泌されるホルモン。試合前、本番前、好きな人と話したりするときなど、ドキドキ緊張したり興奮したりしたとき。あるいはジェットコースターや大地震発生時、津波に襲われたときなど、恐怖におびえたとき。ほかにも、ムカついたりイライラしたり、痛かったり、嫌なことをされたり嫌なことを言われたり、嫌いなものを食べさせられたりしたとき出てくるのが「アドレナリン」というホルモンである。アドレナリンは体内をめぐって各臓器に興奮系のシグナルを送るのが主要な役割だ。緊張しすぎて気分が悪くなったり、吐き気がしたり、食欲がなくなったり、胸がドキドキしたり、手に汗かいたり、震えたりするのもすべてアドレナリンの仕業である。ただ、このアドレナリンにはいい面とわるい面の両面がある。いい面で言えば、これをうまくコントロールできれば、いざというとき猛烈なパワーを出す働きをする。例えば、アスリートや格闘家は本番前にわざとアンモニア臭の嫌な匂いを嗅いでこのアドレナリンを大量に分泌させ、実力以上のパワーを発揮させたりすることもある。アドレナリンは使い方によっては「戦闘・攻撃モード」を高める働きをする。

しかし、アドレナリンが大量に分泌され続けると、わるい面が出てきて「病気の引き金」となる毒性ホルモンになるという。この毒は、自然界では毒蛇に次ぐ毒性とも言われる。結果として、常にイライラして怒ったり、不満ばかりを言い続けたり聞かされたり、ののしられたり、強いストレスを感じていると、このアドレナリンが大量に分泌されると活性酸素なども発生する。この毒性で病気になったり、病状が悪化したりして老化が進めば、早死にしてしまう危険性があり、どの病気もアドレナリンが関係しているとも言われる。また、人間関係の悪化でも同様のことが起きる。こうして多く分泌されてしまったアドレナリンに対してどう対応するか！そこで登場するのが救世主「ベータ・エンドルフィン」というホルモン。このホルモンは脳内モルヒネという異名もある。例えば、**誰かに何か言われ「嫌だな」と思うと、毒性のあるアドレナリンが分泌されてしまうが、逆に褒められたり評価されたりして「ありがたいな」「嬉しいな」と思うと「ベータ・エンドルフィン」が出る。**病気の痛みや苦痛も和らげると言われる。どんな嫌な事があっても、そのあと事態を前向きに肯定的に捉えるだけでも脳内には身体によいホルモンが出ることになる。

すべてをプラス思考でとらえ、いつも感謝しながら前向きに生きていれば、健康寿命を延ばし病気に無縁な人生を送れるかもしれない。ボランティアや社会貢献活動を積極的に行うなど、自分自身がやりがいを感じたときや、それを評価されたり感謝されたときにも、脳内モルヒネが出てくるとも言われる。まだ、解明されていない部分もあるが、ベータ・エンドルフィンには免疫力を高める効果があり、血管や心臓系の疾患である成人病や患者の痛みを和らげる働きもあるという。それ以外にも脳内モルヒネは驚異的なプラスの効果を発揮する。例えば、記憶力の向上、人間関係を平和に保つにも、やる気や忍耐力、創造力を発揮するのもこの脳内モルヒネが関係していると言われる。そして、「ありがとう」と心からひとに感謝するだけでもベータ・エンドルフィンが分泌されるという。あらゆる人とコミュニティに感謝しながら、心と身体と周囲に心地よいことを与え続ける。**脳内モルヒネの存在は、「神様が正しく生きる人間へのご褒美」「争わず平和に生きるためのインセンティブ」**なのかもしれない。

第3章

大規模災害でさえ
すぐ忘れてしまう、
今も昔も変わらない

1　800年前も大規模災害が多発していた

〜ゆく河の流れは絶えずして、しかも、もとの水にあらず。よどみに浮かぶうたかたは、かつ消えかつ結びて、久しくとどまりたる例《ためし》なし。世の中にある人と栖《すみか》と、またかくのごとし。〜

（川の流れは絶えないが、しかし、その水は刻々と移り行くため、それぞれ同じ水ではない。流れが停滞しているところに浮かぶ泡は、消えるかと思うとまた浮かび、そのままの姿で長くとどまっていることはない。世の中の人間と、その人の住まいもそれと同じようなもの）

これは平安時代の歌人、鴨長明《かものちょうめい》（1155〜1216）が京都郊外の山中に小さな庵（一丈四方の方丈／約5畳半）を結び、隠棲しつつ当時の出来事を書き記した随筆集「方丈記《ほうじょうき》」書き出しの一節。方丈記には畿内周辺で発生した様々な天災、飢饉などの災害が数多く記されている。例えば1177年と1178年の都の大火、1179年には平清盛が福原から大軍を擁し後白河法皇を幽閉し実権を握った「治承三年の変」、１１８０年の源頼朝挙兵や都の竜巻（当時は「辻風」「廻飄《かいひょう》」「旋風」「昇龍」などと呼ばれた）、１１８２年からの大飢饉、１１８５年未曾有の大地震などがあった。その間には「古京はすでに荒れ、新都いまだならず」と詠嘆させた福原遷都（１１８０年）などもあり、目まぐるしい社会の変遷、兵乱や大災害などに翻弄される貴族や市井の人々、治安悪化や荒廃などの様子が無常観と冷めた筆致で描かれている。

書き出しの、**人（命）も栖（家）も、消え結ぶよどみに浮かぶうたかた（泡）のようは、８３０年経た今の世にも当てはまる。**昨今、千年、百年に一度と言われる大規模災害が多発し、今後も南海トラフ巨大地震や首都直下地震の発生が懸念される。そこで歴史を遡り調べてみて、多様な災害のことが詳細に記されていたのが方丈記。鴨長明という人は、災害が発生するとどこへでも飄々と身軽に出かけ現場をつぶさに見て歩く。その点「真実と教訓は現場にあり」を標榜する私と少しは似たところがあったのかもしれない。もっとも加茂御祖神社（下鴨神社）の禰宜の家に生まれ育ち、宮廷歌人として活躍した長明の教養とその心境には遠く及ぶべくもない。

当時の事件を長明の年齢と並べると、太郎焼亡とも呼ばれる安元大火のとき、長明25歳、治承の辻風（竜巻）・福原遷都・頼朝挙兵のときが28歳、京都市内だけでも４万２０００

人の餓死者を出した養和の大飢饉29〜30歳、超巨大地震に襲われたときが33歳。つまり、25歳からの8年間に京都周辺で大災害、大事件が次々に起きていた。

約830年経た今日も災害多発時代である。2011年の「平成23年豪雪」「東北地方太平洋沖地震（東日本大震災）」「東京電力福島第一原子力発電所事故」、2012年の「平成24年7月九州北部豪雨」、2014年の「平成26年豪雪」「平成26年広島土砂災害」「御嶽山噴火」、2016年の「熊本地震」「糸魚川大火」、2017年の「平成29年7月九州北部豪雨」、2018年には「大阪府北部地震」「平成30年7月豪雨（西日本豪雨）」「平成30年北海道胆振《いぶり》東部地震」などなど。たった8年間で大規模な災害や事件が頻発している。

ことほど左様に**日本は最近急に災害が増えたわけではなく、平安の昔からずっと変わらぬ災害多発列島。**

2 平安時代の南海トラフ巨大地震

鴨長明が経験した大地震は、壇ノ浦の戦い（文治元（1185）年3月）の約4か月後に発生した文治地震（8月6日・推定M7・4）。当時、地震は「なゐふる」と呼ばれていた。「なゐ」は大地を表し、「ふる」は振る・地面を揺らすの意味である。

～また、同じころかとよ、おびただしく大地震ふること侍《はべ》りき。そのさま、よのつねならず。山はくづれて河を埋《うず》み、海は傾きて陸地をひたせり。土裂けて水湧き出で、巌《いわお》割れて谷にまろび入る。なぎさ漕《こ》ぐ船は波にただよひ、道行く馬は足の立ちどをまどはす。都のほとりには、在々所々、堂舎塔廟《どうしゃとうびょう》、一つとして全からず。或はくづれ、或はたふれぬ。塵灰《かいじん》たちのぼりて、盛りなる煙の如し。地の動き、家のやぶるる音、雷にことならず。家の内にをれば、たちまちにひしげなんとす。走り出づれば、地割れ裂く。羽なければ、空をも飛ぶべからず。竜ならばや、雲にも乗らむ。恐れのなかに恐るべかりけるは、只地震なりけりとこそ覚え侍りしか～

（また、同じ頃だったろうか。ものすごい大地震があって、ひどく揺れた。その揺れ方といったら、なみなみのものではない。山は崩れて、川を埋めてしまい、海は傾斜して、海水が陸地を浸した。地面が裂けて、水が湧き出し、岩が割れ谷に転落。海辺を行く船は波に翻弄され、道を行く馬は立つ足元が定まらない。京都近辺では、あちらでもこちらでも、お寺の堂や塔が被害を受け、満足に残ったものは1つもない。あるものは崩れ落ち、あるものはひっくり返った。塵《ちり》や灰が立ちのぼって、盛んに噴き上げる煙のようである。大地が動き、家屋が破壊される音は、雷鳴と全く同じ。家の中にいると、すぐにでも押しつぶされそうになる。外へ走り出れば、地面が亀裂する。羽がないので、空を飛ぶわけにはいかない。竜なら雲にも乗れるが、人間の哀しさ、それもかなわぬ。**恐ろしいものの中でも、特に恐れなければならないのは、ただ地震**だとしみじみ痛感した）。

方丈記に記されたこの地震は琵琶湖西岸断層帯の南部堅田断層が震源ではないかと言われていたが、「海は傾きて陸地をひたせり」「なぎさ漕ぐ船はただよひ」と津波を思わせる記述があり、平家物語（「大地震」巻十二）にも次のように記されている。

〜七月九日の午刻ばかりに、大地おびたゝしくうごいて良久し（中略）。又遠國近國もかくのごとし。山くづれて河をうづみ、海たゞよひて濱をひたす。汀こぐ船はなみにゆられ、陸ゆく駒は足のたてどをうしなへり。大地さけて水わきいで、磐石われて谷へまろぶ。洪水みなぎり來らば、岳にのぼてもなどかたすからざらむ。猛火もえ來らば、河をへだててもしばしもさんぬべし（中略）。たゞかなしかりけるは大地震なり。〜

かくのごとしとされる「遠國《おんこく》」とは律令制のもと延喜式で規定されており、石見《いわみ》（島根県西部)、隠岐《おき》(山陰地方)、安芸《あき》(山陽道)、伊予《いよ》(愛媛県周辺)、土佐(高知県周辺)以西、また相模(神奈川県周辺)以東、上野《こうずけ》(群馬県周辺)以北であり、地震の被害は近畿地方にとどまらず広域超巨大地震と推定され、平安時代の南海トラフ巨大地震とも考えられている(諸説あり)。

文治地震から834年後の今日、その南海トラフ巨大地震について、向こう30年以内の発生確率が70~80%、首都直下地震も30年以内発生確率70%。日本海溝~千島海溝周辺でも地域によっては90%の確率と想定されている。しかし、こうした政府の発表にもかかわらず、いまひとつ人々の防災意識は高まらない。東日本大震災以降も大規模災害に繰り返し襲われてきたのに、未だ他人ごとであり「明日は我が身」と考えようとしないのはまことに残念。東日本大震災直後「これほどの激甚災害のことは一生忘れるはずはない」と誰しも思ったはずである。しかし、5年、8年経つうちに記憶と関心は薄れていってしまう。

3 現代は未知との戦い

大規模災害多発は同じだが、平安時代と違って現代の日本は歴史上一度も経験したことのない非常事態に直面している。それは急激な高齢化だ。平安時代の平均寿命は約30歳前後だったと推定されているが、現在の日本人の平均寿命は男性81・09歳、女性87・26歳（2018年7月20日現在）。**現代は平安時代の約2・8倍も平均寿命が延びた。**めでたいことではある。それだけ食生活や生活レベルが向上し、公衆衛生や医療技術も進み、健康に時間とコストがかけられ、また、疫病や災害での犠牲者も少なくなったことを意味する。

方丈記が書かれたころに比べれば、建物自体が格段と堅固となり、災害に関する経験則や科学的知見が蓄積され、防災対策も確立しつつある。さらに気象予報や警報、防災情報などが発表・発令される。**平安時代には考えられなかった重層的防災体制が確立した現代。それでも、災害時の人的被害をなくすことはできない。**むしろ増加傾向にある。それは**平安時代にはなかった地球温暖化由来の激甚災害多発と高齢化による災害弱者急増によるものだ。**

阪神・淡路大震災（1995年）で亡くなった6434人のうち、65歳以上の高齢者が占めた割合は49・6％だった。16年後に発生した東日本大震災（2011年）では死亡が確認された1万5897人（2018年12月10日現在）のうち、65歳以上が56・4％を占める。2010年の住民基本台帳によれば東北3県で65歳以上の人口比率は22～27％

だった。高齢者の被災割合は2倍を優に超える。そして「震災関連死」である。東日本大震災後の避難生活中に亡くなって各自治体で震災関連死と認定された方は3701人(2018年9月30日現在・復興庁発表)。そのうち65歳以上が3279人。**なんと震災関連死の88・5%は高齢者。**これは熊本地震(2016年)でも同じ傾向である。地震で亡くなった直接死は50人だったが、震災関連死と認定された人は218人、そのうち高齢者が全体の8割を占めた。

総務省が発表した2018年9月15日時点の日本の推計人口は、65歳以上が3557万人で、日本の総人口に高齢者が占める割合は28・1%と過去最高を更新し、もうすでに人口の4人に1人以上が高齢者となっていて、2020年には29・1%、2035年には33・4%に達し、15年後には人口の3人に1人以上が高齢者になると推計。**高齢者増加を無邪気に喜んでもいられない。**地球温暖化で極端気象災害が多発する災害列島で、高齢者の災害弱者数が急上昇し、災害脆弱国家に陥ったことになる。これは悪夢ではなく現実。**平安時代はおろか、過去のどの時代にも現在ほどの高齢化時代はなく、日本は世界が今まで全く経験したことのない未知の領域に足を踏み入れた。これは世界で初めて経験する国家の危機であり、日本民族の存続を賭けた新たな戦いが始まった。**決して他人ごとではない。誰でもいつかは歳を取り、誰でもいつかは自力避難できない人になる。誰も避けて通れない「明日は我が身」の喫緊課題。では国や自治体にできることはあるのだろうか。政府は公助の限界を宣言し「行政主導から住民主導の防災対策」を提案している。

第4章

「公助の限界」

1 多発し激化する大雨・土砂災害

２０１９年３月30日の国交省発表によると、前年1年間に、大雨や地震などが原因で発生した土砂災害は、全国で３４５９件に上り、過去最多。確かに２０１８年は、平成30年7月豪雨（西日本豪雨）や平成30年北海道胆振東部地震で最大震度7を観測するなど、大雨や大地震が多発している。年間土砂災害３４５９件は１９８２年の統計開始以来最も多かった。これまで最も多かったのは２００４年２５３７件だったが、西日本豪雨では２５８１件の土砂災害が発生し、１つの災害で２００４年の年間件数を上回った。このほか震度7を観測した北海道の地震で２２７件、去年9月に上陸し列島を縦断した台風24号で１７６件などとなっている。主な都道府県別の土砂災害数は、広島県で１２４３件と1つの県での発生数でも過去最多。そのほか愛媛県で４１９件、北海道で２３７件、山口県で１９３件、高知県で１７１件など。こうした土砂災害を引き起こす**土砂流下防止対策としての「砂防堰堤」整備は進められてはいるが、災害に追い付かないのが現状だ。**

土砂災害をもたらせる大雨が降る回数も年々増加している。気象庁によると、全国の1時間降水量50㎜以上の年間発生回数は１９７６年～２０１８年までの平均10年当たり27・5回の増加。特に最近10年間（2009〜2018年）の平均年間発生回数は311回となっていて、統計期間の最初の10年間（1976〜1985年）の50㎜以上の平均年間発生回数が266回だったのと比較すると約1・4倍となる（図4）。これは地球温暖化によるものと考えられている。

　地球温暖化の原因となっているガスには様々なものがある。中でも二酸化炭素はもっとも温暖化への影響度が大きい。18世紀後半以降、産業の発達や人口増加と共に化石燃料の使用が増え、その結果、大気中の二酸化炭素の濃度も増加。温室効果ガス別の地球温

図4　「全国（アメダス）1時間降水量・50mm以上の年間発生回数」（気象庁）

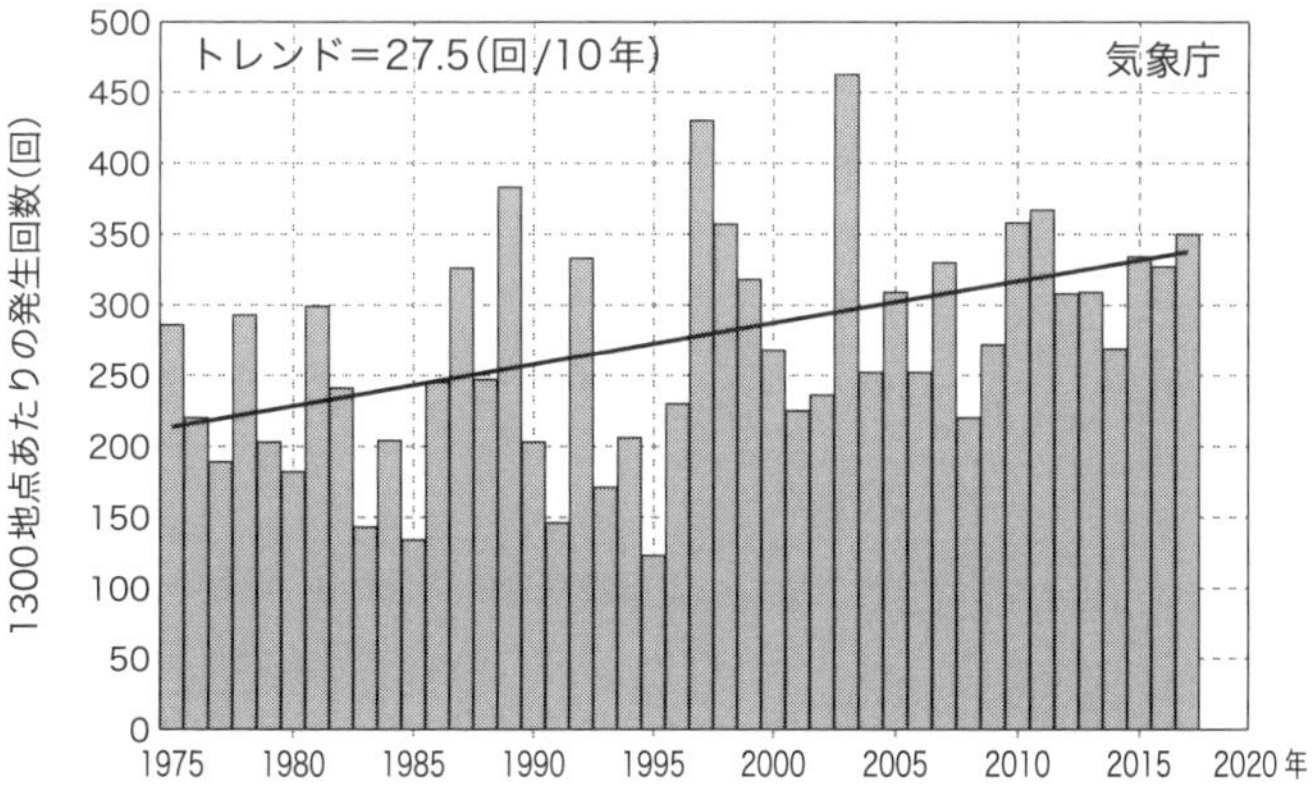

★全国の1時間降水量50mm以上の年間発生回数は増加
（統計期間1976〜2018年で10年あたり27.5回増加）
★最近10年間（2009〜2018年）の平均年間発生回数（約311回）は、統計期間の最初の10年間（1976〜1985年）の平均年間発生回数（約226回）と比べて約1.4倍に増加。

暖化への影響度は、二酸化炭素76・7％、メタン14・3％、一酸化二窒素7・9％、オゾン層破壊物質でもあるフロン類1・1％となっている。つまり、石油や石炭など化石燃料の燃焼などによって排出される二酸化炭素が最大の温暖化要因。空気中の二酸化炭素濃度は、2013年には400ppmを超え、産業革命前（1750年）の280ppmから40％以上も増加。これは過去80万年間で前例のない水準の増加と報告されている。IPCC（国連気候変動に関する政府間パネル）第5次評価報告書では、**このままでは2100年の地球平均気温は、最悪のシナリオの場合に最大4・8℃上昇する**と発表。環境省も2100年の夏、東京の最高気温は43・3℃に達すると発表している。気温の上昇による海水温上昇で熱膨張と氷河などの融解によって、**2100年までに海面は82cm上昇すると予測。**地球の表面積の70％は海。その海面と海水温が上昇するということは陸地面積がさらに小さくなるだけでなく、海面からの水蒸気上昇がさらに増加しスーパー台風や記録的豪雨が頻発することになる。水害や土砂災害を防ぐためにも、国家として二酸化炭素ガスの排出を防ぐ努力が不可欠。事業所として個人として、一人ひとりが真剣に取り組まなければならない。それと合わせて想定される豪雨災害や土砂災害への備えも欠かせない。そして**大規模災害発生時は「公助の限界」があることも認識し、自分の命は自分が守る準備と、隣人同士が助け合って避難する仕組みをつくる必要がある。**

2 逃げたくても、逃げられなかった人たち

(1) 進化する気象情報

気象庁が発表する気象情報は日進月歩で進化している。昨今は広域予報だけでなく地域特定のピンポイントで、降雨量、河川の危険度を数時間先まで色分けして示してくれる。例えば**気象庁サイトの「危険度分布」というアイコンをクリックすると、自動的に現在の自分の居場所周辺の河川や洪水、土砂災害などの危険度が色分けされ地図上に表示される。**そこでは指定河川洪水予報の「発表なし」～「氾濫発生情報」、洪水警報の危険度分布では「今後の情報に留意」～「極めて危険」まで、それぞれ5段階で色分けされ一目瞭然で危険度の見える化が図られている。さらに「高解像度降水ナウキャスト」では、自分の居場所の雨雲の様子や降雨量などが数時間先までわかる。このように、最近の気象予報はうまく利用すれば、早い段階で自分たちの地域リスクや避難のタイミングが確認できる。そして、避難勧告・避難指示などの避難防災情報も最近の自治体は空振りを恐れず、比較的早めに発令している。

(2) 避難勧告・避難指示——99・5%が避難しない!?

西日本豪雨発生前、気象庁は数日前から異例の記者会見で危険度の高い豪雨に厳重警戒を呼びかけていた。「数十年に一度」の災害発生のおそれがあるときに発表する、特別警報を11府県186市町村に出した。「特別警報は『最後通告』のようなもの、自治体の避難情報を参考に、早めに避難してほしい」と橋田俊彦長官も会見で呼びかけた。こうした早期避難の呼びかけに対し避難率を調べてみた。総務省消防庁の調べ(2018年7月7日11時半現在)によると、西日本豪雨では豪雨がピークとなった7月7日、災害対策基本法に基づき21府県109市町村が避難指示を、20府県178市町村で避難勧告が発令された。避難指示・避難勧告エリアの対象者は約863万人と推計される。しかし、**市町村指定の避難場所に避難した人は、対象者の約0・5%の4万2000人でしかない。つまり、99・5%が逃げなかった。**被害が多かった岡山県倉敷市真備町地区で被災し、避難所や親族宅などで暮らしていたり、同地区で復旧作業にあたっていた男女100人(男性54人、女性46人)を対象として、内閣府が面談方式で実施したアンケートでは、避難しなかった理由として次のようなものがあげられた。

- これまで災害を経験したことはなかったから=33%
- 2階に逃げれば大丈夫だと思ったから=22%

・外の方が危険だと思ったから＝22％
・道路が渋滞していて車が動かせなかったから＝8％
・車などの移動手段がなかったから＝2・7％
・パニックになりどうすればよいかわからなかったから＝2・6％
・病気などで体を動かすことが困難だったから＝2・5％
・その他＝20％

このアンケート調査のタイトルは「避難行動〜過去の被災経験等や正常性バイアス〜」と書かれ、「○過去の被災経験等を基準として災害の危険性を認識して避難行動を起こせないのではないか　○自分は大丈夫という思い込み（正常性バイアス）によって避難行動を起こせないのではないか」というサブタイトルがついていた。このアンケート調査は災害から20日後に行われたもので、避難しなかった人の主な理由の傾向がわかる貴重な資料だ。

⑶　犠牲者の8割が自力避難できない人たちだった

先のアンケートに答えた被災者はいずれも助かった人たち、大変な辛い経験をされたであろうが幸い生き残った人たち。**問題はアンケートに答えられなかった人、つまり亡くなった人の「声なき声」は反映（検証・推定）されていない。**というのは、真備町で犠牲になり状況が判明した41人のうち約8割が倉敷市の「避難行動要支援者名簿」に登載されていた方々。これは東日本大震災後に自治体に作成が義務付けられた名簿。つまり、亡くなった人は避難したくてもできなかった自力避難困難者であった。そのことは次項で説明するが、もう1つの側面は、このアンケートでは避難所に避難しなかったことが問題視されている。しかし、それは違う。避難所に避難するだけが避難ではないと災害対策基本法に次のように定められている。

(市町村長の避難の指示等)

第60条 災害が発生し、又は発生するおそれがある場合において、人の生命又は身体を災害から保護し、**その他災害の拡大を防止するため特に必要があると認めるときは、市町村長は、必要と認める地域の居住者等に対し、避難のための立退きを勧告し、及び急を要すると認めるときは、これらの者に対し、避難のための立退きを指示することができる。**

2 前項の規定により避難のための立退きを勧告し、又は指示する場合において、必要があると認めるときは、**市町村長は、その立退き先として指定緊急避難場所その他の避難場所を指示することができる。**

3 災害が発生し、又はまさに発生しようとしている場合において、**避難のための立退き**

を行うことによりかえつて人の生命又は身体に危険が及ぶおそれがあると認めるときは、市町村長は、必要と認める地域の居住者等に対し、屋内での待避その他の屋内における避難のための安全確保に関する措置（以下「屋内での待避等の安全確保措置」という。）を指示することができる。

つまり、指定避難所に避難すること（立ち退き避難）が、かえって危険が及ぶおそれがある場合は、屋内での待避（屋内安全確保）を指示することができる。今回の西日本豪雨災害でもアンケートの答えの中にあるように「外の方が危険と思った」人は、屋内の安全な場所に避難したことになる。この人たちも避難した者としてカウントすべきである。

私の聞き取り調査では、「前にも避難勧告が出たが、洪水などなかったので、今度も大丈夫と思っていた」という人が多かった。倉敷市が避難準備情報及び避難勧告を発令した時点ではまだ住民たちにさほどの危機意識はなかったと思われる。そして小田川氾濫の25分後、22時45分に避難指示が出たが、それも小田川の南側地域だけであった。北側に避難指示が発令されたのは北側に水が流れ込んでからだ。避難指示が発令された時にはすでに複数の河川で越水・決壊、道路は濁流で冠水していた。

さほど大きな川ではないが、小田川やその支流の高馬川、末政川などの中小河川でも、決壊すると濁流の流速は早い。それを裏付けるのは、付近の住宅が水流で洗掘し、基礎コンクリートの下が約50㎝深さまで洗い流され、コンクリート基礎がむき出しになり、平地で車両が何台も仰向けに転倒していたことだ。通常出水しても水が引けば、車が転倒することはない。しかし、水流が早いと車は濁流やがれきにもまれ、他の車や住宅に衝突しひっくり返る。**車が流され仰向けに転倒するような濁流が道路に流れていたら、人が避難することは困難。**住民が「外へ出る方が危険、家の2階に避難したほうが安全と思った」のは当然の判断である。

ましてや、自力避難できない高齢者や障害者であればなおさら、逃げたくても逃げられない人が、氾濫後に発令された避難指示に対応できるわけがない。**「逃げたくても逃げられない人たち」は、自治体が出す避難指示をどのように受け止めたか想像するだけでも胸が痛む。**誰が誰を助けるかの個別避難支援計画もなく、助けを求める間もなく濁流にのまれた人たちの無念。

2018年西日本豪雨・倉敷市真備町

西日本豪雨は、住民の命を守ることに「公助の限界」が露呈された災害である。

3 少子高齢化社会の哀しい現実

以前は大雨災害で犠牲者が出ると、自治体の避難情報発令の出し遅れが非難の的となった。しかし最近の自治体は、非難回避もあり空振り覚悟で早め早めに避難情報の発令に踏み切る。そのため、メディアの矛先は避難しなかった人たちに向くようになった。「避難勧告が出ていたのになぜ避難しなかったのか」「危険区域に指定されていたのになぜ避難しなかったのか」「住民の危機意識希薄、正常性バイアス」など、避難しない理由を勝手に推定し犯人捜しから教訓を得ようとする。しかし、そこに真実や教訓はない。なぜなら、前述したように犠牲者の多くが避難しなかったのではなく、避難したくても避難できなかった人たちだったたから。

これは東日本大震災における犠牲者の属性傾向に酷似していた。倉敷市の関係者は「一人暮らしで助けを呼ぶ間もなく水害に襲われたり、足腰が不自由であったりして逃げることができなかった人が少なくないのでは」と話す。痛ましい限りである。**若年層に比較してSNSやインターネットとの接点が少ない高齢者に、避難情報は伝わりにくい。一人暮**

らしであればなおさらであろう。つまり犠牲者の多くが情報弱者だった。西日本豪雨に際し倉敷市は、7月7日午前1時半に小田川の北側地区に避難指示を発令。チャイムを鳴らし防災無線で繰り返し避難を呼びかけた。小田川の堤防決壊が始まったのは、その避難指示発令から約4分後。その後、7日の未明にかけて少なくとも小田川やその支流など3か所で堤防が決壊し猛烈な勢いで濁流が住宅街に流れ込み、町の約3分の1が水没した。

浸水区域に住んでいたAさん（男性76）にインタビューすると「夜中に目が覚めたが、猛烈な雨音しか聞こえなかった」と言う。この男性が助かったのは、午前3時ごろ市内に住む40代の息子から固定電話がかかり「避難指示が出ているから、何でもいいから早く逃げて！」と言われ、それではじめて自分の地域に危険が切迫していることを知ったからだ。Aさんは普段からあまりテレビも観ず、携帯電話も持っていなかった。雨音は強かったが、**これまで大丈夫だったから今夜も大丈夫だろう、まさか自分の家が2階まで水に浸かるとは思っていなかった。息子からの電話がなければ死んでいた**と述懐していた。

県庁所在地における降水量1㎜未満の日数が全国最多であることから岡山県は1989年ごろから「晴れの国、岡山」を県のキャッチフレーズとしてきた。その晴れの国に、想像を絶する大雨が降り続き広い範囲で浸水被害が発生した。とくに真備地区の浸水範囲は、倉敷市が発行していた洪水ハザードマップが想定していた通り浸水。浸水想定区域には地域の防災拠点となるべき真備支所も入っていて、想定通り真備支所一階が浸水。結果、固定電話や無線が使用不能となり市の対策本部と連絡が取れず、支所そのものが一時孤立状態となった。

高梁市から総社市を通って倉敷市に至る一級河川・高梁川《たかはしがわ》の支流で、真備町の南を流れる小田川などの中小河川の多くが、越水・決壊し洪水を招いた。本流の水位が上がったために、支流へ逆流するなどのウォーターバック現象がおこったと言われている。こうした洪水が発生することは予測できていて、合流部の付け替え改修計画が策定されていたが間に合わなかった。

その真備町での**犠牲者の大部分が、避難したくても避難できない「自力避難困難者」であった。少子高齢化社会の現実。それは「明日は我が身」である。**その多くが2階建ての戸建てに住んでいて、今回の水害で1階が水没。ほとんどの遺体はその1階付近で発見されている。自力で2階に避難できない、足腰が弱く階段が登れなかった逃げたくても逃げられない人たち。少子高齢化社会のあまりにも哀しく残酷な現実である。

第5章

遠水は近火を救えず

1 助けられない無念

災害で亡くなった人やご家族はさぞかし無念であっただろう。その喪失感は、経験したことのない人にはわからない。その痛みや悲しみは、一朝一夕で癒されることはない。一方で、助けに行きたくても行かれず無念の思いでいる人たちもいた。これは2018年9月6日、北海道胆振東部地震で震度7を記録した厚真町。この町を管轄する胆振東部消防組合が公表した地震発生直後の119番の音声データ。

消防／厚真消防です、火事ですか、救急ですか
住民／あのぉー家 倒壊して、あのー下敷きになってて体出せないから、のこぎりとかジャッキとかいろいろな道具持ってきてくれと、いま自衛隊さんが言っています
消防／もうですね、（隊員が）出払っているんで、なんとか用意して向かうと思うのですが、すぐに行けるのはちょっと厳しいと
住民／なんとか早くして（以下略）
消防／厚真消防です、火事ですか、救急ですか

住民／むかわ町の○○だけども、灯油が道路にまかれたっていうんで困っているんだよ
消防／灯油まかれてるねー
住民／まかれてねーもう川になっているんだわ
消防／川になってるー（以下略）

住民／お年寄りがひとりで住んでいらっしゃるんですけどー出口が開かずに閉じ込められちゃっているんですよー
消防／意識はあるということですね（以下略）

社員／北海道電力の苫東厚真発電所ですけれども
消防／何が燃えています？
社員／あのタービンのですね、（不明）○○から火が出ているんですよ。今消火活動しています。けが人は出ていません（以下略）

通報を受けた職員はその都度申し訳なさそうに「すべて出払っています。すぐに対応はできません」を繰り返している。その後、消防署も停電になり、固定電話からの通報が約20分間不通になる。中には電話が通じないからと、消防署に直接駆け込み通報する人もい

た。胆振東部消防組合が管轄する区域は、安平町、厚真町、むかわ町の総面積１３５３・13㎢は、東京23区（６１９㎢）の約２・１倍。陣容は、１消防本部１署・４支署・１出張所・１分遣所・４消防団（15分団）消防職員数（事務職員・再任用職員含む）１０８名・消防団員数４２１名・消防車両総数66台という体制。しかし、**地震発生と同時に全車両が出動し緊急非常参集した隊員たちも消火、救出に総出であたっており、道路が寸断された中で殺到する通報に対応する余裕はない。文字通り公助の限界。**消防組合のTさんは「救助を求める通報が殺到する中、それに応えられないのが辛く無念だった」と唇をかみしめる。通話のやり取りを聞きながら、あの時と同じだと思った。それは１９８２年７月に発生した長崎大水害（昭和57年７月豪雨・死者２９９人）。記録的大雨が降り続き、各所で同時多発土砂災害や洪水が発生。午後７時30分、長崎市消防局に１１９番が入る。

男性／もしもし、あんまり何人も流されたと、下からいうてきたもんですから……

消防／どこかに川があるわけ？

男性／川はないんです。道路がもう水で１ｍ50から２ｍ近くなっとるわけですよ。助けるにもどうしようもないわけですよ。いちおう念のため１１０番が電話せんもんですから、１１９番に電話したんですが……

消防／あのですね、申し訳ないですが手が回らんです。それで付近の人に連絡つけばお宅の方で処置していただけませんか。消防職員も全部出ているんです、もしロープがあればそこに張っておいてください（以下略）
男性／もしもし、あっすいません。近所の民家の方が崖崩れでガス管が、えー管が破れて今ガスが充満しているんですけれど、それであちこち電話したんですが、自分の処置で何とかしなさいと言うばかりでして、やむなくお宅に連絡したんですが……
消防／あ、ウチの方もどうにもできないんですねー
男性／お宅もできません？そんな、ウワー、ガス管の割れとるば（急に怒り出す）火ばつけば燃えるぞ、つけてみよか今から、えーっ、何ちゅうこというとか……お前、都市ガスぞ、そういうことをいうちゃいかんじゃなかとかね
消防／うちのほうもですねー
男性／うちもクソもなかろうが……（電話が突然切れる）
女性／もしもし、もう大水で困っているんですよ
消防／どうしたんですか、いま長崎はですね、人が生きるか死ぬかしてるんですよ。

消防も出尽くしているんですよ。お宅は生きるか死ぬかしていますか？生きるか死ぬかしていない限り、出ません。もしもし、人命に危険ですか……

男性に代わり／あのう、○○さんという家が全壊しましてね、ご主人が中に埋まっている可能性が強いんですよ。われわれで手がつけられんもんですから、そいであのう、家が崩壊したのは8時半頃です。こっちは命にかかわることですから2時間くらい続けてかけたんですよ、もうリンリンリンリン、鳴りっ放しで、かけても出ないんですよ（以下略）

切迫した交信記録だけ見ても、同時多発災害時における消防力の限界を示している。助けに行きたくても行かれないのが大規模災害。これは今に始まったことではなく、昔から公助には限界があることはわかっていた。平時に119番通報すれば、数分以内に消防車や救急車が駆けつけてくれる。しかし、大規模災害発生時は、**頼りにしていた消防署の電話がなかなか出ない。出たと思ったら「全員出払っています。そちらで対応して下さい」。住民の落胆ぶり絶望ぶりがうかがえる。**消防組織法に基づいて人口ごとに市町村における消防職員の必要人数が割り出されているが、その整備率（充足率）は全国平均77・4％（2015年4月現在）。行財政改革などもあって消防力も縮減されている。こうなると平時対応の消防力を大幅に超えた大災害には対応できないのはやむを得ない。そのことを住民は覚悟しなければならない。では地元密着型の消防団はどうかというと、消防団員数も激減。1965年に133万人だった団員数が、50年後の2015年には85万9000人と35・5％減。消防職・団員ともに人手不足。冒頭の**119番通報で「全員出払っていてすぐに対応できません」と答えなければならない消防署員の無念さ**が伝わってくる。今後も大規模災害発生時にはこうしたやり取りが繰り返される。何かあれば消防車や救急車がすぐ駆け付けてはくれないことを覚悟し対策・方策を講じるしかない。

2　遠水は近火を救えず

避難指示や避難勧告が出る前に高齢者などの早期避難を促す「高齢者等避難開始・避難準備情報」が適切に発令されたとしても、災害時避難行動要支援者は自力で避難できなかったかもしれない。高齢化が進み自力避難できない人は、今も右肩上がりで増加している。東日本大震災でも消防職員・消防団員の死者・行方不明者は281人、民生委員の死者・行方不明者が56人に上る。支援する側も多数犠牲になっていて、年々増え続ける高齢者全員を避難誘導することは物理的にも、安全上も難しい。もちろん、すべての要支援者を災害直後に自衛隊、警察が安否確認や避難支援に回れるはずもない。

以前から防災は「自助」「共助」「公助」の三助が大切と言われ続けてきた。しかし、**最近は大規模災害が発生するたびに「公助の限界」が白日に晒される。**前述した西日本豪雨の現場を見て思ったことは、同時多発的な道路冠水、河川の決壊・越水などによる大規模洪水発生時に、そこに迅速に駆け付ける事そのものが極めて厳しい。たとえ消防、警察、自衛隊であったとしても広域的かつ同時多発的洪水時、発災直後にすべての要支援者を助けることはできない。それは民生委員でも消防団でも同様である。それができるとしたら、近くに住む隣人たちだけである。**「遠水は近火を救えず」**という言葉がある。遠くにいくら水があっても、近くの火事を消すことはできないの意。近くの火事を消せるのは近くの水であり、近くにいる人。**阪神・淡路大震災で亡くなった人の92％は地震発生後14分以内に死亡（兵庫県警監察医）。**つまり、早く助けなければ助からない。それができるのは近くにいる人だけ。遠くの親戚より近くの隣人。つまり、**公助と共に一層重要となるのが、互いに近くの人が助け合う「互近助《ごきんじょ》の力」であり「防災隣組」**だ。

少子高齢化社会となってしまった現在、普段から弱者を見守り、助けることができるのも近くに住む人たち。こうした近くの人が近くの人を助ける仕組み（防災隣組制度）を作り、育成することが国や自治体の責務と言える。誰でもいつかは歳を取る。いずれ誰でも

「助けられる人」になる。これが自然界の冷徹な掟。「明日は我が身」だからこそ、65歳以上が高齢者イコール要配慮者ではない。若くても年寄りみたいな人もいれば、80歳を過ぎてもかくしゃくとして社会貢献をしている人もいる。高齢者でも元気なうちは助ける人になるしかない。

自ら望み行動すれば、年は取っても元気なうちは要配慮者ではない。少子高齢化社会では安全が確保できた元気な人は高齢者でも隣人を助ける人。激しい行動や力仕事はできなくても、体力を要さない安否確認や応援を求めたり通報したりすることはできる。これも立派な命を守る行動である。近くで互いに助け合う「互近助の力」が不可欠だ。同じ時代、同じ地域に住むもの同士の隣保共助。防災とは究極のヒューマニズムである。それは国境、宗派、政党、世代、信条、国籍などすべて超越できる普遍の共通価値観だ。

3　避難行動要支援者名簿と個別支援計画

東日本大震災において、被災地全体の死者数のうち65歳以上の高齢者の死者数は約6割。障害者の死亡率は被災住民の全体死亡率の2倍に上った。そうした現実を受け、2013年に災害対策基本法が改正になり、第49条の10〜第49条の13までに避難行動要支援者に係る規定が設けられている。

災害対策基本法（以下抜粋）

（避難行動要支援者名簿の作成）

第49条の10第1項　市町村長は、当該市町村に居住する**要配慮者のうち、災害が発生し、又は災害が発生するおそれがある場合に自ら避難することが困難な者であって、その円滑かつ迅速な避難の確保を図るため特に支援を要するもの（以下「避難行動要支援者」という。）**の把握に努めるとともに、地域防災計画の定めるところにより、避難行動要支援者について避難の支援、安否の確認その他の避難行動要支援者の生命又は身体を災害から保護するために必要な措置（以下「避難支援等」という。）を実施するための基礎とする名簿（以下この条及び次条第一項において「避難行動要支援者名簿」という。）を作成しておかなければならない。

2　避難行動要支援者名簿には、避難行動要支援者に関する次に掲げる事項を記載し、又は記録するものとする。（以下略）

3　**市町村長は、第一項の規定による避難行動要支援者名簿の作成に必要な限度で、その保有する要配慮者の氏名その他の要配慮者に関する情報を、その保有に当たつて特定さ**

れた利用の目的以外の目的のために内部で利用することができる。

4　市町村長は、第一項の規定による避難行動要支援者名簿の作成のため必要があると認めるときは、関係都道府県知事その他の者に対して、要配慮者に関する情報の提供を求めることができる。

その避難行動要支援者名簿について内閣府は「避難行動要支援者の避難行動支援に関する取組指針」（平成25年8月）で、次のように記している。

(1)　**避難行動要支援者名簿作成を市町村に義務付けるとともに、その作成に際し必要な個人情報を利用できる**こと。

(2)　**避難行動要支援者本人からの同意を得て、平常時から消防機関や民生委員等の避難支援等関係者に情報提供する**こと。

(3)　現に**災害が発生、または発生のおそれが生じた場合には、本人の同意の有無に関わらず、名簿情報を避難支援等関係者その他の者に提供できる**こと。

(4)　名簿情報の提供を受けた者に守秘義務を課すとともに、市町村においては、名簿情報の漏えいの防止に必要な措置を講ずること。

ここでいう「避難行動要支援者」の範囲は市町村長が設定することになっている。

○　高齢者や障害者等の要配慮者のうち、災害が発生し、又は災害が発生するおそれがある場合に自ら避難することが困難であり、その円滑かつ迅速な避難の確保を図るために特に支援を要する者の範囲について、要件を設定すること

○　高齢者や障害者等の要配慮者の避難能力の有無は、主として、

①　警戒や避難勧告・指示の災害関係情報の取得能力

②　避難そのものの必要性や避難方法等についての判断能力

③　避難行動を取る上で必要な身体能力

に着目して判断することが想定されること

○　円滑かつ迅速な避難の確保を図るため**特に支援を要するものかについては、同居家族の有無なども要件の1つになり得るものであること。**ただし、**同居家族がいる場合であっても、時間帯等によって一人となるケースや介護者が高齢者のみのケースなど、避難が困難な状況もあることから、同居家族がいることのみをもって避難行動要支援者から除外することは適切ではないこと。**また、社会福祉施設入所者や長期入院患者については、支援対象者の所在が明確であり、地域の避難支援等関係者の人数が限られていることから、避難行動要支援者名簿の対象は在宅者（一時入所、入院している者を含む）を優先

すること

「自ら避難することが困難な者」について、多くの市町村は次のように定義している（図5）。

○ 生活基盤が自宅にある方のうち、以下の要件に該当する方
○ 要介護認定3～5を受けている者
○ 身体障害者手帳1・2級（総合等級）の第一種を所持する身体障害者（心臓、じん臓機能障害のみで該当するものは除く）
○ 療育手帳Aを所持する知的障害者
○ 精神障害者保健福祉手帳1・2級を所持する者で単身世帯の者
○ 市の生活支援を受けている難病患者
○ 上記以外で自治会が支援の必要を認めた者

平成28年に総務省が調べたところ（複数回答）、自治体が選択した名簿の提出先としては、民生委員（92・5％）、消防本部・消防署（78・6％）、自主防災組織（76・4％）、社会福祉協議会（72・2％）、都道府県警察（69・7％）、消防団（54・6％）、その他

（49・2%）であった。

　名簿提供について、避難行動要支援者の同意を得ることが原則とされているが、長野県茅野市では「茅野市災害に強い支え合いのまちづくり条例（抜粋）」で、「市は、災害の発生に備え、避難支援等の実施に必要な限度で、長野県警察、諏訪広域消防、民生委員、社会福祉法人茅野市社会福祉協議会、自主防災組織その他避難支援等の実施に携わる関係者として規則で定めるものに対し、避難行動要支援者名簿に記載された情報を提供するものとする。この場合において、**長野県警察、諏訪広域消**

図５　「避難行動要支援者」

・名簿作成済の1,687市町村のうち、名簿に掲載する者として、身体障害者を挙げている市町村が99.3%と最も多く、以下、要介護認定を受けている者98.6%、知的障害者97.4%の順に多い

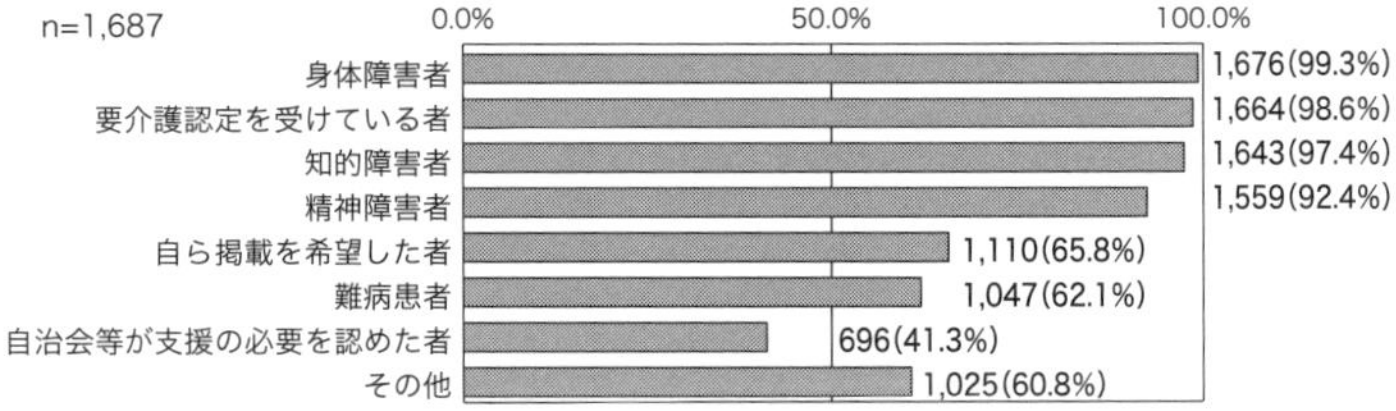

平常時における名簿情報の提供先

・名簿作成済の1,687市町村のうち、平常時における名簿情報の提供先として、民生委員を挙げている団体が92.5%と最も多く、以下、消防本部・消防署等78.6%、自主防災組織76.4%の順に多い

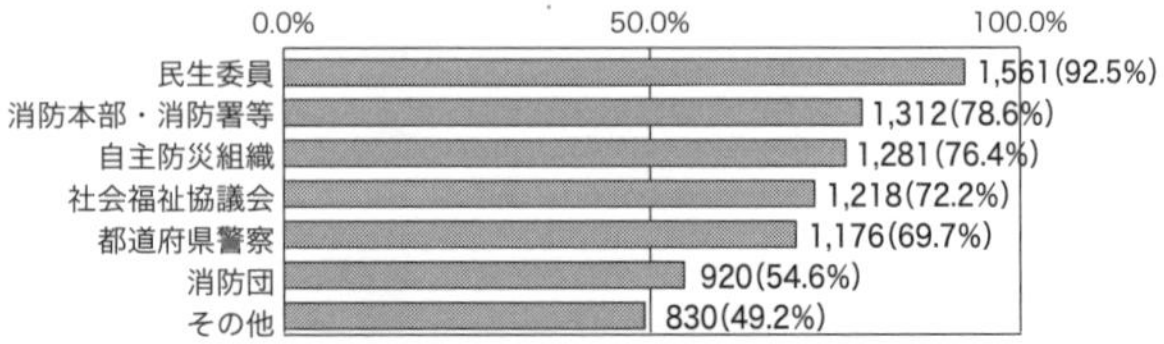

※各組織が存在する（設置している）と回答した市町村数を分母としている。
民生委員：n=1,687、消防本部・消防署等：n=1,670、自主防災組織：n=1,676
社会福祉協議会：n=1,687、都道府県警察：n=1,687、消防団：n=1.686

出典：総務省集計

防及び民生委員へ提供する場合に限り、名簿情報を提供することについて本人の同意を得ることを要しないものとする」として明記している。平時または災害時に、本人の同意を求めることが困難な場合もあり、本人の生死に係るときのためなので一定の配慮をした上で、条例で要支援者情報を防災関係機関で共有。このように事前に明確に定める方が捜索救助活動の迅速対応を促進すると評価されている。

全国の市町村でも避難行動要支援者名簿は作成済だが、西日本豪雨時に露呈したように要支援者を誰がどうやって避難支援するかという「個別避難支援計画」ができていない市町村が多い。災対法改正の趣旨は名簿作成を義務付け、自力避難できない人をどう支援するか。しかし、**一部の自治体を除き現段階では名簿作成が目的化してしまった感がある。**高齢化が進めば年々要介護者も増え、結果として名簿登載者が増加。西日本豪雨時に真備町の犠牲者の約8割が名簿登載者であったが、個別支援計画がなかったことが被害を広げた要因の1つと考えられている。

第6章

高齢者すべてが要配慮者ではない

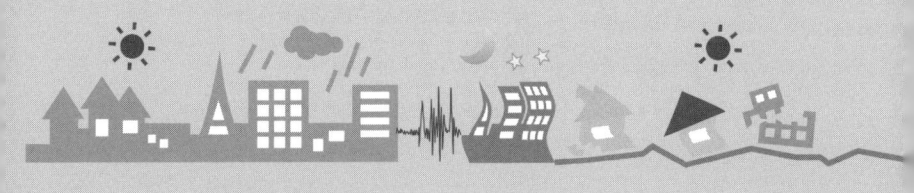

1 超高齢化時代の「要配慮者」

前述した避難行動要支援者の中に出てくる「要配慮者」とは、法律で次のように定義されている。災害対策基本法第８条、「国及び地方公共団体は、その施策が、直接的であると間接的であるとを問わず、一体として国土並びに国民の生命、身体及び財産の災害をなくすることとなるように意を用いなければならない。」として、その２項で「国及び地方公共団体は、災害の発生を予防し、又は災害の拡大を防止するため、特に次に掲げる事項の実施に努めなければならない。」とした上で、15号に**「高齢者、障害者、乳幼児その他の特に配慮を要する者（以下「要配慮者」という）」に対する防災上必要な措置に関する事項」となっている。その他の特に配慮を要する者という中に妊産婦、難病患者、外国人などと解釈されている。**東京都では、都の防災サイトで「災害時要配慮者への支援」という中で要配慮者を「高齢者、肢体不自由者、乳幼児、妊産婦、傷病者、視覚障害者、聴覚障害者、知的障害者、児童、外国人」と定義している。そして、地域による防災対策として、隣近所など地域の皆さんへ「地域の高齢者や障害のある方等には、普段から積極的に働きかけて交流を図り、必要な情報を事前に的確に把握し、支援体制を備えることで、いざという時には遠慮なく支援を申し出てもらえるよう伝えておきます。さまざまな配慮が必要な方への理解、日頃からの声かけ及び支援をお願いします。外見から分からなくても援助や配慮を必要としている方が、周囲の方に知らせる「ヘルプマーク」、周囲の方に妊婦であることを示しやすくする「マタニティマーク」などを身につけている場合には、配慮をお願いします。」と周知している。こうした呼びかけは必要だと思うのだが、ここでいう要配慮者には単に「高齢者」と書かれているが、赤ちゃんや子どもを含むすべての国民のうち、現在4人に1人が高齢者という超高齢化社会。この先15年後には3人に1人が高齢者になると想定されている。高齢者イコール要配慮にしてしまうと、配慮する人たちの負担はますます過大に重くなっていく。

礼節として高齢者に敬意を払い配慮することは当然、だが高齢者すべてを「要配慮者」と規定すれば配慮する側に責任や義務感が生じる。配慮する側の若い人たちにも家族や隣人がおり、発災時には一義的に家族たちの安全を優先する。その上、自分が配慮すべき地域の要配慮者が多数いたとしたら、実際には適切な対応などできはしない。一律に65歳以上を「要配慮者」とするのではなく、高齢者の定義を変えるとか、あるいは足腰が達者な元気な高齢者は要配慮者から省くとか、現実的な線引きが必要であろう。

2　見直すべき高齢者の定義

私は1943年生まれなので現在76歳。時折、自治体の関連団体職員を名乗る人から「定期連絡です。一度お伺いして体調など確認したいのですが」などの電話を受けたり訪問されたりする。最初は訝しく思ったが、これは後期高齢者への行政サービスの一環だ。確かに76歳だから配慮していただくことは大変ありがたいこと、感謝すべきことである。その上で、普段から元気で活動している者としては、やせ我慢もあるが、年齢だけの一律対応には少なからず違和感を覚える。こうした電話連絡や家庭訪問をするには多大な費用が発生するはずである。それを国家（税金）や後期高齢者（介護保険料）が負担している。こうした**年齢一律対応では、そうした支援不要の人たちにも費用をかけてしまっている。個人差があるので確認しないとわからないから仕方ない部分もあるが、要配慮者については申告制度にしてもいい。そうしないと国家の損失**となる。

世界保健機関（WHO）が65歳以上を高齢者と定義して久しい。それは1956年に国際連合が提出した「人口高齢化とその経済的・社会的意味」という報告書から始まった。報告書では65歳以上の人口が総人口の7％を超えた社会を「高齢化社会」と規定したことから世界に広まった。日本もそれに倣って65歳を高齢者の線引きとしている。日本では一般的には0～19歳を未成年者、20～64歳を現役世代、65～74歳を前期高齢者、75歳以上が後期高齢者と分別。人口統計における区分も同じなので、私も当然後期高齢者となる。それは自分でも認識している。「高齢者の医療の確保に関する法律」でも同じだし、75歳以上になると運転免許更新時に認知機能検査が必要だ。そこで、迷惑をかけるといけないので、70歳を機に運転免許証を返納した。私のように都会の駅のそばに暮らしていれば返納も可能だが、日常生活に車がなければ暮らせない地域や仕事であれば、体力や安全確保に自信がある限り車を運転せざるを得ない。その場合、高齢者が乗る車には、（助成金を付けて）自動ブレーキ設置を義務付けるべきではないだろうか。

日本人の平均寿命（2017年、厚生労働省）は、女性87・66歳、男性81・09歳である。女性は世界第2位、男性は3位である。しかしアフリカなどは軒並み50歳代の平均寿命である。平均寿命は国によって50歳代～80歳代までかなり格差がある。もし、平均寿命が65歳前後であれば65歳は間違いなく高齢者だろう。しかし、**日本のように平均寿命が80歳を超えていれば、65歳からを一律に高齢者とするのは整合性に欠ける。4人に1人が高齢者であるならば、**高齢者は決して特別ではなく普通の人。もうそろそろWHO定義から離れ、日本に合った独自の高齢者定義をつくるべきではなかろうか。

後期高齢者に分類される私だが、現在も頼まれれば全国どこへでも出かけていく。２０１８年は1か月間に26回の講演をこなしたこともある。また、災害が発生すれば、応急対応が一段落したころを見計らって駆け付け調査を実施。これは国内だけでなく**「災害の教訓に国境はない」**と考え、海外の災害現場にもよく出かける。２０１８年だけでも、カリフォルニア山火事、台湾の花蓮地震、ハワイ島キラウエア火山噴火、西日本豪雨、台風21号災害、大阪府北部地震、インドネシア・スラウエシ島地震、平成30年北海道胆振東部地震、インドネシア・スンダ海峡津波など、会議や講演の合間に内外の災害現場調査に行ってきた。

年々体力と記憶力の衰えは自覚しているが、被災地の過酷な環境下でも元気で帰ってきている。カミさんは「過酷な現場に行くと、アドレナリンが出るのよ」と言う。１９６４年の新潟地震以来、50年以上現地調査をして、積み重ねた経験や数多くの事例を咀嚼し、多角的視点で新たな被災地を見て、被災者の声に耳を傾ける。そこに共通の法則を見つけ、今後の防災対策の教訓を学ぶ。それをメディアや講演で直接皆さんに伝えていくことが使命と思っている。しかし、いつまでも体力が続くとは思っていない。もし、少しでも人に迷惑をかけたり、体力、気力に自信を失ったりしたら直ちに引退する覚悟ではある。

狭いマンションだが、家にいるとき災害が発生したら、身の安全を図り、隣近所に安否確認の声をかけ、身体の不自由な方がいて避難が必要な場合は、隣人たちに応援を求め、力を合わせてできる範囲の支援をしよう、火災発生時は通報したり消火器や消火栓を使って初期消火にあたろうと心に決めている。

体力や気力は個人差が大きいので一概には言えない。だからこそ、**一律に高齢者イコール要配慮者と決めつけるのは失礼になる。** 高齢者の定義を見直すと同時に、元気なうちは高齢者でも助ける側になることを災害対策基本法などに明記すべきではないだろうか。これから地域を支えるのは元気な高齢者なのだから。米国の実業家・人道主義者で幻の詩人とも呼ばれるサムエル・ウルマン（1840～1924）も「青春」という詩の中で、「青春とは人生のある期間ではなく、心の持ちかたを言う。」「年を重ねただけで人は老いない。理想を失うとき初めて老いる。」そして、「頭《こうべ》を高く上げ希望の波をとらえる限り、八十歳であろうと人は青春にして已《や》む。」と約100年前に書いている。

第7章

これからは「互《ご》近《きん》助《じょ》の力」

1　助けることができたのは近くの人

その時、大阪にいた私は阪神・淡路大震災（1995年）発生2時間後に神戸に入った。武庫川大橋を渡り、西宮に入ると軒並み家が倒れ町は土埃にまみれていた。建物の下敷きなどになった自力脱出困難者は約3万5000人。その77％は家族や近隣住民によって助け出されている。大規模災害発生直後、すべてのところへ防災関係者がすぐに駆け付けることは物理的にも困難。頼りは向こう三軒両隣の隣保共助。地域の一人ひとりがそれを理解し認識しなければならないのは「近助」という概念。

従来から地域防災の決め手は「自助」「共助」「公助」の三助とされてきた。共助は自主防災組織へと発展したが、その**自主防災組織を支え中核をなすのが、向こう三軒両隣の防災隣組であり安否確認チーム。つまり「自助」と「共助」の間を埋める「近助」。**自主防災組織が非実戦的・形式的組織に陥るのは、この近助が欠落していたからと思っている。「近助」は現在の「組」単位の安否確認チームとしてもよい。**本当の自治は、自分、家族、隣人、自分たちの地域は自分たちで守るという「究極のセルフディフェンス」。つまり、お仕着せの自主防災ではなく、自らを守る「自守防災」。**行政と共に地域団体やグループの協力も必要だ。ただ既存の組織を利活用する場合は、住民一人ひとりに「近助」の必要性、意義、防災意識啓発を繰り返し行い理解してもらうことが先決だ。正しい知識が正しい意識を生成する。みんなが理解し意識が高まれば、地域活性化のアイデアも生まれる。リーダーや役員は諦めず、怯まず、粘り強く時間をかけてできることからコツコツと推進することが大切。

「近助」の重要性の啓発が進んだ時点で、災害に備えた安否確認チーム・防災隣組を組織し、その上で平時から地域特性に合わせ実践的訓練をすべきである。近助の精神は、平時から地域の見守り・助け合い、防犯、一人暮らし高齢者への声かけや、幼児虐待防止など、事件を防ぎ安全・安心なまちづくりの礎《いしずえ》である。さらに、自治会、町内会、防犯協会、福祉委員、民生委員・児童委員、婦人会、老人会、青年団、消防団、スポーツクラブ、PTAなど既存のコミュニティ、グループ・団体と連携し、幅広く助け合う仕組みをつくることが地域防災力を高める近道となる。

2　古くて新しい「互近助」という概念

日本には古くから互近助の仕組みとして「合力・コーリャク」、「結い・ユイ」「ユイマー

Column

互近助《ごきんじょ》

人はひとりでは生きていけない。家族・親戚、向こう三軒両隣、地域や町内会、職場の仲間、学校の同級生や知人・友人などとの隣人や共同体（以下「コミュニティ」）があって、自分の居場所がある。コミュニティは、自分を含めそれぞれの存在によって成り立っている。だからこそ、自分のことや、自分でできることは自分でするのが基本。しかし、自分でできることに限りがある。できる限り自分のことは自分でした上で、それでもできないことは、コミュニティや行政に助けを求める。

隣人同士、どこかで迷惑をかけ合い、どこかで支え合って生きている。それがお互い様というもの。そのコミュニティを支えているのは人と人の絆。だからこそ、相手の嫌がることはせず、プライバシーには深入りしない。その存在を認め、敬意を払いつつ、ほどよい距離感で関心を持つ。何か困っているな、変だなと気づいたら、ためらわずに声をかけ、互いに近くで助け合う、それが「互近助《ごきんじょ》」。

誰でもいつかは歳を取る。誰でもいつかは助けられる人になる。だからこそ、元気なうちは、できる時に、できる範囲で、近くの隣人を助ける人になっておく。その第一歩は、ほどよい距離感で隣人と仲良くすることから始まる。しかし、隣人と仲良くするにはちょっとした覚悟と勇気が要る。もしかしたらリスクがあるかもしれない。もしかしたらトラブルに巻き込まれ自分が傷つくかもしれない。でも、先人たちはその試練とリスクを乗り越えて、隣人に敬意を払い心地よいコミュニティづくりを続けてきた。だから、今の繁栄があり自分がいる。隣人と仲良くし、その場その場のコミュニティで、互いに近くの人を思いやり、助け合えば、これからもずっと住み続けたいまちになる。

ル」など地域共同体・相互扶助の仕組みがあった。これらは主に小集落や自治単位における農作業、公共事業、建物の建築など、共同作業の制度。田植え、屋根葺きなどひとりで行うには労力、費用、期間ともに手に余るため、多数の人手が必要であった。そうした作業を集落総出で無償協力し助け合う相互扶助制度。例えば、世界文化遺産に指定された岐阜県大野郡白川村「白川郷・五箇山合掌集落」のように、茅葺屋根の葺き替え時には材料の手配から葺き替え完了まで村総出で労力の分担・提供を行う。冬の間の数か月間は、雪に閉ざされてしまう。各集落が孤立を余儀なくされる厳しい自然条件であることから、家族や村人同士の結束が強い。豪雪地帯の山間部の村では、各戸が単独での生活維持は困難である。そこで様々な暮らしの場面で「結《ゆい》」と呼ばれる助け合いが築かれてきた。その起源は、鎌倉時代から普及し始めた浄土真宗に遡ると言われる。仏教用語にも、「ある目的で集まった人々」という意味の「結衆《けつしゅう》」という言葉が、現在も使われている。**「結い」とは、労働力の貸し借りをする社会制度で、提供された労働には同量程度の労働を返す、という労働交換のことだ。前述した「返報性の原理」にも通じる。**田植えや稲の刈り取り、材木の伐採などのほか、大きな行事としては合掌造りの屋根の葺き替え作業などがある。屋根の形が合掌した時の手の形に似ているところから「合掌造り」と呼ばれる。勾配が急な茅葺きの切妻屋根であることが特長で、積雪が多く雪質が重いというこの地の自然条件に適合するよう、雪が落ちやすく、かつ雪の重みに耐えられる構造である。茅葺きの材料として茅という植物があるのではなく、ススキやチガヤ、葦《よし》などの草で、それらの総称を「茅」と呼ぶ（調達事情により、稲わらを使用したものもあるが寿命が短い）。

合掌造りは屋根の保全のために、大規模な補修や屋根の葺き替えを30年〜40年に1度行う必要があった。茅葺き屋根の厚さは約1メートル。1本1本は細い茅を各家で蓄え、持ち寄り、住民数百人が集まって作業を行ってきた。昔はブルーシートなどなかったので、雨が降れば屋内に水が沁み込んでしまうので、大屋根の葺き替えも大勢が力を合わせ1日で完成させる必要があった。この時ばかりは家主や親族も必死。春先だと朝5時ごろには、もう親戚や組の人らは屋根に上って、古い茅を落とし始める。それを、手伝いのみんながやって来る朝7時半までに片づけておかないと、「甲斐性がない」と言われてしまう。このような重労働の葺き替えを手伝ってもらったお返しに「次の葺き替えを手伝う」という思いが、「結返し」となり、助け合いが存続してきた。相手に感謝し思いやる気持ちが住民たちの絆を深め、結いが合掌造りと集落の絆を守ってきた。結い仲間は親戚のように、災害や葬式があればみんなで駆けつけ助ける運命共同体である。それも、戦後の経済発展過程で集落の集団離村などが起こり、「合掌造りを保存しよう」という住民の意識は一層強まる。白川村では、地域の資源を「売らない」「貸さない」「壊さない」の三原則を掲げ、保存運動を展開。そしてついに1998年「白川郷・五箇山の合掌造り集落」として世界遺産に登録された。**こうした地域の「組」「結い」「合力」と呼ばれる相互扶助の慣習は、単に茅葺屋根の葺き替えだけにとどまらず、冠婚葬祭時にも有効に機能している。そこには「お互い様」の互近助の心が今も息づいている。**

しかし近年は、交通網や通信手段の近代化によって村の生活も大きく変わった。また、茅葺き職人の不足や過疎化、高齢化による人手不足などで、作業を実行する困難さが増してきた。そこで、保存地域では、財団法人が広く寄付を募って助成したり、葺き替え作業や草刈りのボランティアを募集したり、村では古民家の改修ワークショップを行ったり、と現代版の結いにつながる様々な活動が行われている。さらに世界遺産登録により、観光業に従事している住民たちも、村の伝統行事の日は仕事を休んで参加し、住民皆で「結い」を忘れず、交流を深める村づくりを行っている。

そのほか「普請《ふしん》」という互助制度もあった。現在は家を建てることを普請というが、従来の普請の意味は、普（あまねく）請（こう）と書くように、広く平等に奉仕（資金・労力）の提供を願うこと。どちらかというと公共性の高い社会基盤（道路、建物、河川など）を維持するための相互扶助活動が主体である。白川郷に限らず、少し前までは、どこでも「下町気質」や向こう三軒両隣の助け合いが、日常的「絆」として機能していた。それこそ味噌醤油の貸し借りから、急な雨降り時には在宅しているものが隣近所の洗濯物の取り込みをするなど、互近助が当然のことのように行われていた。

しかし、時代と共に個人主義が進み、生活スタイルや人情までも変わった。コンビニエンスストアなどの発達による便利さは、隣人に「味噌醤油の貸し借り」などの安易な甘えを許さない状況を作り出した。**過度なプライバシー保護や権利主張で、個人情報カーテンを堅く閉ざした地域も増えた。**その分隣人同士のコミュニケーションや親和感も無用の長物と化していく。結局一部地域を除きこれら古き良き時代の共同扶助体制や結いの心は影を潜め、協働作業はせいぜい草むしり、道普請、側溝掃除、お祭り、盆踊りなど町内会行事だけとなってしまった。中には町内会への加入すら忌諱する人たちが急増している地域もある。

3　ほどけたら結び直す

人と人の結び目がほどけると「人情喪失」「コミュニティ崩壊」「治安悪化」「孤独死放置」などに直結し、無味乾燥のぎすぎすしたコミュニティとなる。今、安全・安心まちづくりの一環として、地域の絆を取り戻す必要があると言われ続けているが、その具体策が見えないのが実情だ。そこで私が提案するのは、「互近助」「防災隣組」の仕組みづくり。とはいってもいきなり「互近助」イコール「地域の絆」というわけにはいかない。安全・安心まちづくり、心地よい居場所づくりをキーワードに、「互近助」の大切さ、必要性などの研修会を開くなど、事前に意識啓発を繰り返し行わなければならない。ほどけたら結び直せばいい。

特に超高齢化社会でいざという時の安否確認や救出・救助が短時間でできるようにするために、助ける人、助けられる人が共通認識と互いの信頼感を平時から醸成しておかなければ役立たない。戦前、「隣組」の唄の歌詞に「♪トントントンカラリンと隣組、地震、雷、火事、どろぼう、たがいに役立つ用心棒、助けられたり助けたり♪」という一節があった。この時の隣組は、日本の昭和前期において、戦時体制下の銃後を守る国民生活の基盤であり官主導の隣保組織であった。その隣組は敗戦後、GHQ（連合国軍最高司令官総司令部）によって解体されるが、すぐに復活し回覧板を回したり、自治体の情報を伝達したりするため、行政区、町内会、自治会、組などの形で引き継がれてきた。**戦前の軍国主義的隣組はいただけないが、互近助としてセルフディフェンスとしての自発的防災隣組が、「助けられたり助けたり」の「地域の絆」再生に極めて重要な役割を担う。**

「互近助」で気持ちよく助け助けられるには、助ける人を選任し協力してもらうだけではなく、**助けられる側（本人や親族）の理解と協力が不可欠である。**特に高齢者、障害者、病人などと共に、その家族などに事前に趣旨を納得してもらわなければ、真の互近助は成り立たない。共働きの幼児、寝たきり高齢者、独居老人、難病者、老々介護などそれぞれの事情がある。中には個人情報保護に敏感で、災害弱者の存在すら隠したがる人たちもいる。もし、防災隣組・安否確認チームを結成した場合は、その家庭事情を良く考慮して対応する必要がある。マンションであればフロアごとに「防災隣組」の安否確認チームを作り、また、自主防災組織や町内会の中に防災隣組の安否確認チームを作るべきであろう。

最近某不動産会社が実施した調査では、**毎日近所の人と挨拶を交わす人は22％程度というデータがある。最近は隣近所でも挨拶を交わさない人が増えているという。**コミュニティや隣人の絆を取り戻すために私は防災隣組同士で「回覧板は手渡し」を提案している。最近、回覧板は回さず、掲示板に張り出すだけとか、回すにしてもポストに入れるところが多い。留守の場合はともかく、「回覧板です」と声をかけ、顔を見て手渡しする。普段から隣人同士顔を合わせれば自然に言葉を交わすようになる。また、その家の人がどんな人なのか、昼間は留守なのかなど、たとえわずかずつであっても隣人の情報を少しずつ知ることができる。隣組だからといってべたべたした付き合いでなく、**普段はほどよい距離感でいい。プライバシーには深入りしない。ただし、いざという時だけはためらわずに声を**

かけ、安否確認ができるようにするのが防災隣組である。

高齢者など災害時避難行動要支援者に対し、自治体は民生委員、児童委員、福祉委員などによる安否確認、避難支援を考えているが、実際には道路が寸断され、火災が発生している中で彼らがすべての要支援者宅に駆け付けることは極めて困難。そこで、自主防災組織や町内会などの出番だが、遠くの人たちは自分や隣人の対応に追われ、発災直後に駆け付けることはできない。となれば、近くの人が互いに近くの人を助ける「互近助」、そして「防災隣組」しかない。向こう三軒両隣であれば、個人情報保護法に振り回されることもない。誰でも高齢になれば誰でもがいつかは助けられる側になる。同じ時代、同じ地域で生きる仲間同士の「互近助」が頼り。元気なうちは助ける人になる。見守る人になる。

そして、**いざというときはお互い様の心でさりげなく、気持ちよく助けたり助けられたりすることこそ、人間としての礼節**ではないだろうか。次章からは隣人同士が仲良くできる仕組みづくりを実践し、成功させている先進的コミュニティ事例を紹介する。

第8章

先進的
コミュニティ事例

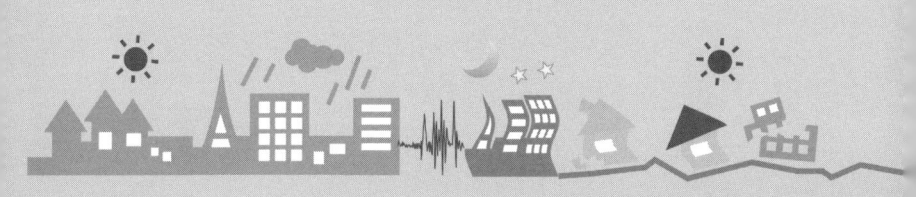

1 「ご近助まつり」で、延焼を食い止めた人たち

(1) 高層マンションで火災！ 活かされた互近助の絆

２０１５年3月2日、25階建て高層マンションの20階の窓から煙が噴き出した。しばらくすると赤い炎も混じるようになる。その後、消防隊が駆けつけ、火はおよそ2時間半後の10時50分ごろ消し止められた。火事発生場所は東京都千代田区で、ＪＲ水道橋駅から南へ約６００メートルの地域。近くには大学や近代的なオフィスビルが立ち並ぶ一角で、25階建て（高さ95メートル）のマンション（区営住宅）「西神田コスモス館」。午前8時半過ぎ、20階に住む男性の部屋から出火し、室内約50平方メートルを焼失。５～10分後に消防車が来たが、20階のベランダまで届かず、ヘリコプターも飛んでいたが外部からの対応はできなかった。はしご車も待機していたようだが、一般的なはしご車が届く範囲は約11～13階で20階までは届かない。仮にはしごを伸展させ放水しても約20メートルで、水平に放水しないと消火効果は低い。海外には１００メートル（33階にとどく高さ）の大型はしご車もあるが、日本の場合は道路事情や予算の関係で導入されていない。国内における最大のはしご車を伸展させると54メートル。それでも18階までだ。こうしたはしご車の限

界を想定し、高さ31メートル以上の建物は、建築基準法や消防法でスプリンクラー消火設備や非常用エレベーターなどの設置が義務付けられている。ただし、一定基準を満たせば減免措置があるため、出火した建物にスプリンクラーは設置されていなかった。

通報3分後に現場に到着した消防隊は、直ちに非常用エレベーターで22階にある連結送水管を使って放水鎮火させた。このマンションは地上25階、地下2階建てで3階には区立保育園が併設されていたが園児たちは全員避難して無事。1999年竣工の建物で、6階までは児童センターなど区の関連施設が入っており、7階〜25階が区民・区営住宅で173世帯が住んでいる。出火原因は火元の20代の男性による自室での放火自殺未遂とみられ、男性は顔などに重いやけどを負ったが命は取り留めた。ほかに60〜70代の男性2人が煙を吸い込んだことにより病院に搬送されたが軽症だった。

警察や消防の火災調査が済んだ後、私は現場を見せてもらった。このマンションは真ん中が吹き抜けになっていて、吹き抜け側に廊下・通路があるロの字型の建物。つまり部屋は屋外部と内側の吹き抜け（外気）に面しているので煙による被害は少なかったのだろうと、出火した部屋の前に立って驚いた。吹き抜けに面した通路や部屋付近の天井には垂れるほど真っ黒でべったりとした油煙タールの跡が生々しい。ドアから噴き出した煙量の激しさを物語っていた。現場を回っているうちマンションの自治会長から声をかけられた。「先生！みんなが協力して大事に至らずに済みました。これも先生の教えを実行したからです。本当にありがとうございました」と礼を言われた。面映ゆい気持ちで話を聞くと、ずいぶん前に千代田区が主催した防災講演会で講師を務めた際、コスモス館の自治会役員さんたちも講演を聴いてくれたのだそうだ。役員さんたちは、私が話した「ご近助（互近助）」が大切という考え方にいたく感銘を受け、さっそく春と秋の防災訓練を兼ねたイベントに「ご近助」を取り入れ、住民の防災意識を高める活動を始めた。「それがこれです」と、見せてもらったチラシには「ご近助・春祭り」と書かれてあった。

ご近助まつり／コスモス館住宅自治会・西神田町会

(2) 春と秋の「ご近助まつり」で、災害に強いまちづくり

2018年3月にも地域の西神田町会とコスモス館住宅自治会共催で次のようなイベントが行われていた。

・餅つき大会/保育園から臼と杵を借り、きな粉・あんこ・おろし餅を無料配布(担当は町会と自治会)。

・洋服ポスト/不要になった洋服、靴、ぬいぐるみなどを回収し、売り上げはご近助祭りの経費とする。

・おもちゃ交換会/使わなくなったオモチャを持ってくると。オモチャ券がもらえ、その券で新しいオモチャと交換できる。

・つみれ汁/東日本大震災で被害の大きかった三陸を応援するため、三陸産サンマを仕入れて、つみれ汁をつくり無料配布。

・新鮮やさい市/近くのローソンの協力で新鮮野菜を特別価格で販売。

このように、マンションの住民やマンション近くの町会の人たちとの交流や親睦を図り、いざという時は助け合えるような絆づくりを目的にしている。そして、もう1枚のチラシの「秋のご近助祭り」では、マンション前の西神田公園にテントを張って炊き出し訓練をしたそうである。春と違って秋のご近助祭りのテーマはずばり「防災」。**秋祭りのサ**

ブタイトルは「自助」「公助」「ご近助」と書いてある。子どもは無料だが、大人はワンコイン(500円)を払って炊き出し体験に参加する。約150人以上が参加したとのこと。そして、集まった人たちには次のような質問票が配布された。

「防災井戸、知ってますか?」「テント、建てられますか?」「発電機、起動できますか?」「消火器・消火栓、使えますか?」

その質問票で、知らない、できないに○をつけると「はい、こちらへどうぞ」と役員たちが消火栓や消火器の使い方などをレクチャーする。「このご近助祭りが、あの火災の時役立ったのです」と自治会長は胸を張った。西神田コスモス館では自治会と防災センター主催の防災訓練を年2回実施している。とくに自治会主催の活動としては「建物構造勉強会」や「非常食の試食会」「美味しい防災訓練」「施設内防災設備見学会」などが行われる。特に東日本大震災後は、**地震や火災があっても消防が来られないことを前提に訓練**を実施。従来から消火器や消火栓の取扱いは地下駐車場で放水体験を実施していたが、2013年に初めて居室内消火訓練、通報・避難誘導訓練が実施された。そのときはタイミングよくマンションの空き室が使えたため、てんぷら火災を想定し、実際に室内模擬火災に屋内(1号)消火栓を使っての放水訓練が行われた。この時は参加者から「実際にどう使えば良いかがよく理解できた」「室内で2人で使うコツがわかった」など好評だった。一定規模のマンションなどには屋内消火栓が設置されている。しかし、**消火器を使った初期消火訓練はよく行われるが、屋内消火栓を使って室内での実践的訓練はあまり見かけない。**このマンションには元々消防法に基づいて消火器は各フロアに5本設置してあったが、消防が来ないことを前提に初期消火に全力を挙げるために、自治会経費でフロアごとに7本の消火器を増設していた。

朝8時半ごろ20階から出火、すぐに火災報知器のベルが鳴った。住民たちは直後の非常放送で20階の出火を知る。ドアを開けると、20階より上の階の窓の外や吹き抜けに煙が見えた。火元に駆けつけた住民たちは、訓練通り姿勢を低くし消火器、消火栓を使って初期消火にあたった。周囲の人たち複数が119番通報し、ドアをたたいて住民全員の避難誘導が行われた。避難場所はいつものイベント会場の公園だったので、避難しやすかったという。あっという間に避難が完了し点呼を取った。避難場所が1か所だったので安否確認もスムーズにできた。

消防隊が駆けつけ消火活動開始まで、住民たちの初期消火が続けられた。その結果、上階や隣接部屋への延焼を食い止め、出火した部屋だけの焼失で済んだ。これこそ互近助の力。**「賃貸だからといって、ホテルのように管理員に依存してはいけない。自分たちのまちは自分たちで守る心意気が大切」**と住民たちは口をそろえる。今回の火災では、「ご近助祭り」などによる、普段からの住民同士の絆づくりの大切さが再確認された。

3月24日には、通報・初期消火・避難誘導にあたった居住者5人に、神田消防署長から感謝状が贈呈された。火災の翌月には、私が「緊急防災研修会」の講師として招かれた。その時に「『互近助の力』を実践された皆様に心より敬意を表します」と言うと、会場から大きな拍手が湧いた。「互近助」の大切さを言い続けてきた私にとってこうした成功事例は極めて嬉しい出来事であった。そのあと講演で提案した「回覧板を手渡しで」をさっそく取り入れてくれた。従来は掲示板に貼ったり、ポストに入れていた告知文書をフロアごとに回覧板にして回すことになった。隣近所の絆を深めるため、回覧板で日常的に声をかけあい顔なじみになるようにするという。都会は隣人との付き合いが希薄と思われがちだが、地域によっては地方よりも熱心に安全・安心コミュニティづくりに取り組んでいる町内会もある。

2　土砂災害発生!「互近助の力」で死傷者ゼロ

(1)　避難のタイミングがわからない

平成30年7月豪雨（西日本豪雨）のとき、私は7日に広島市安佐北区の土砂災害現場に入った。4年前に77人の犠牲者を出した2014年広島土砂災害のときも、当日現場に入った。そのときは安佐南区を中心にした大規模土砂災害だった。多数の行方不明者がまだ土砂の下にいると想定されたため、土砂が堆積している区域へ入るのを控え、空からのヘリ取材になった。**救出捜索活動が一段落するまでは防災関係者以外、極力被災現場には入るべきではないと考えている。**上空から見ると、阿武山の東側斜面に無数の土石流の爪痕が生々しい。住宅街は土砂で茶色に染まっていた。今回は安佐北区口田南が現場。捜索活動終了を確認し現場に入る。小高い山の中腹がえぐり取られ、斜面の道路の両脇の家や車が土砂で埋まっていた。15メートルほどの太くて長い流木が室内を突き抜けている。特に大小の岩石が夥しく土砂と共に流下。4年前と同じ光景だった。ここで3人が犠牲になったという。その家は原形をとどめないほど1階が破壊されていた。斜め向かいの少し高台にあって間一髪被害を免れた住民に話を聞いた。「ずっと大雨が続いていたが、今まで土砂災害が起きたことがなかったので安心していた」「6日に避難勧告が出されたのは知っていた。ただ、4年前の広島土砂災害時も避難勧告が出たが、この辺は何でもなかった。だから、今回も大丈夫と思って避難しなかった」と語る。続けて**「あんな大雨のときに避難勧告が出たからといって、簡単に避難できるはずがない。道路には濁流が流れているし、恐ろしくて歩いて避難なんかできない。車で避難するにしても途中の方が危ないと思った」「後から、早めに避難すればよかったと言われるが、どのタイミングで避難していいかわ**

からない」「後からなら、何とでも言える」と言う。もっともだと思う。過去に災害を経験している人であれば別だが、一般の人が大雨警報や注意報あるいは避難情報が出されたとしても、それが夜間だったり、大雨が降っている最中だったりすれば、避難するタイミング（避難スイッチ）を判断することは極めて難しい。

この西日本豪雨を教訓に、政府は大雨防災情報の発表内容を抜本的に改定した。２０１９年5月末から運用を開始。西日本豪雨では、気象庁や各自治体が事前に避難を呼びかけていたが、住宅街を流れる中小河川の氾濫や土砂災害により、逃げ遅れた高齢者などが犠牲になった。**「避難指示と避難勧告の違いがわかりにくい」**などの指摘があり、政府の中央防災会議の作業部会や気象庁の検討会が防災情報をわかりやすく効果的に伝える方法の検討を進めていた。「五段階災害警戒レベル」では、甚大な被害が予想されるとして最大限の警戒を呼びかける大雨特別警報や、すでに災害が発生しているという情報を最も危険度が高いレベル5に位置付けた（図6）。レベル5で、住民は「命を守るための最善の行動をする」。全住民に避難を促すレベル4は、土砂災害警戒情報や避難勧告に相当。「レベル4は全員避難」としている。大雨・洪水警報がレベル3で、逃げ遅れる可能性のある高齢者や障害者は避難する。その他の住民は避難準備を始める。このレベル3は、**「土砂災害警戒区域や、短時間に水位が急上昇するおそれのある河川流域にお住まいの方は、避難の**

準備ができ次第避難開始」が付け加えられている。この警戒レベルのキーポイントは「レベル3」である。「レベル4（全員避難）」となれば、車で避難する人での渋滞や、すでに道路が冠水していて避難が困難になる可能性がある。高齢者や危険区域にお住まいの方は、レベル3で直ちに避難を開始すべきと思っている。

(2)「手助け担当者」で死傷者ゼロ

東広島市黒瀬町にある洋国団地の土砂災害現場に行った。広島駅から東方約28キロメートルの山あいに戸建ての住宅が立ち並ぶ。その上の斜面が崩壊し沢沿いに岩石を伴う土石流が大量の

図6 「大雨・土砂災害 警戒レベルと防災気象情報」

警戒レベル	住民が取るべき行動	市町村の対応	雨や川の情報
5	災害がすでに発生しており、命を守る行動を取る	災害発生情報	大雨特別警報 氾濫発生情報
4	全員避難	避難指示 避難勧告 第４次防災体制	土砂災害警戒情報 氾濫危険情報
3	高齢者等は速やかに避難 土砂災害警戒区域や急激な水位上昇のおそれがあり河川沿いにお住まいの方は、避難準備が整い次第、避難開始	避難準備・高齢者等避難開始 第三次防災体制	大雨警報 洪水警報 氾濫警戒情報
2	ハザードマップ等で避難行動を確認	第２次防災体制 第１次防災体制	注意報 氾濫注意情報
1	災害への心がまえを高める		

2019年5月29日より運用開始／気象庁

濁流と一緒に流れ下り、多くの家や車両が破壊されていた。戸建て住宅49戸のうち、全半壊10戸、床上・床下浸水11戸と全体の約半数が甚大被害を受けた。土石流が襲ったのは7月7日の午前5時半ごろ。しかし、**洋国団地での死傷者はゼロ。**住民約100人のうち、3分の1は前夜までに避難を完了し、残った人たちも自宅の2階に上がる垂直避難などで安全を確保していた。それができたのは、この団地で実行してきた3つの取り組みが功を奏した。1つ目は、**顔の見える防災組織の結成。**東広島市の場合、自主防災組織は一般的に小学校区単位で構成・組織することとなっていた。しかし、洋国団地一帯は市のハザードマップで「土石流被害想定箇所」に指定されていた。そこで洋国団地独自の自主防災組織を2015年に立ち上げる。きっかけはその前年に起きた広島土砂災害。避難したくても避難できない人が多く犠牲になっていた。そして、個人情報の壁もあった。広い地域だと地域ごとにリスクや住民環境が異なる。大勢の住民が加盟していても知らない人たちが多く、身体の不自由な人たちの避難行動を支援しようとしても細かい配慮ができない。だからこそ、自主防災組織はあまり広い地域で結成しないほうがいい。洋国団地のように50世帯程度であれば、みんな顔見知り。防災は顔の見える絆がないと役立たない。**2つ目は誰が誰を助けるかの担当者を決めていた**こと。この団地も高齢化が進み、住民の約4割が65歳以上。足腰が悪い人や、障害を持っていて自力避難できない人も多かった。そのため、洋国団地自主防災組織では**「手助けしてもらう人」と「手助けする人」の担当者制を設けた。**自主防災組織の中心的役割を果たしてきたOさん（75）は民生委員の経験もある。Oさんら5人が要支援者の住民を受け持つことにして、どうやって避難させるかを予め決め、それを地図に落とし込んだ防災マップを作った。土砂災害は起きてから避難させようとしても間に合わない。いざというときは、消防、警察、自衛隊がすぐに駆けつけられない。土砂災害が起きるような状況だと、道路冠水や土石流で通行不能に陥る。災害の危険があれば、それを察知して早め早めの避難しかない。その**手助けができるのは遠くの人ではなく近くの人「互近助さん」**。手助けしてもらう人や手助けする人が不安に感じたら、双方から連絡を取り合うこととした。洋国団地では4年前の広島土砂災害ではほとんど被害はなかった。しかし裏山に大雨が降れば「明日は我が身」と考え、実践的な自主防災対策、個別の避難行動支援計画を立てた。3つ目は、住民の意識啓発を徹底したこと。重要なのは早期避難。洋国団地では本番さながらの避難訓練を年に2回実施。Oさんは**担当する住民を介護ベルトで背負い、車に乗せたり運んだりして助けられる人とも顔なじみになった。**また、全戸にハザードマップや緊急告知ラジオを配布。さらに研修会を開いて、**「洪水・土砂災害は早期避難に勝る対策なし」**を繰り返し周知徹底した。

後に西日本豪雨と呼ばれる猛烈な大雨に見舞われたのは2018年7月6日、洋国団地は早朝から激しい雨音につつまれた。「空襲みたいな雨の音じゃ」と、団地で暮らす女性（90）は戦時中を思い出し怖くなった。女性の夫（83）も足やひざが悪く歩くことが不自由で、大雨の中自力で避難することは難しい。そこで女性の家の手助け担当者となっていて訓練にも来てくれたOさんに電話する。「大雨が怖いけぇ、避難所に連れてってください」と依頼。午前8時ごろ、迎えに来てくれたOさんの車で約4キロメートル離れた市の保健福祉センターに避難した。足腰の悪い人たちは、2階建てに住んでいても、階段の上り下りが大変と、ほとんどが1階に寝ている。土砂災害で危険なのは1階。大雨が収まるまで念のためにと、手助け担当者に助けられ洋国団地の住民約30人がセンターに避難して夜を明かした。団地を土石流が襲ったのはその翌朝であった。午前5時半ごろ、団地内を流れる小河川の上流から地鳴りと共に土砂と濁流が団地を襲った。直径5メートルもある巨岩や土砂で多くの住宅1階が破壊され、流され、埋まった。しかし洋国団地では土石流が押し寄せる前に身体の不自由な人は避難を完了し、残っていた人たちも訓練通り2階に避難したため死傷者はゼロ。「お助け担当者」制度をつくり、住人の経験やスキルを活かして実践的訓練を繰り返してきたからこそ、激烈な土砂災害に襲われながらも死傷者ゼロにとどめることができた。**「安全・安心は準備に比例する」**。

3　心地よい居場所づくりは、さくらまつりと芋煮会から

～願わくば 花の下《もと》にて春死なん　その如月《きさらぎ》の望月《もちづき》のころ～

北面の武士、歌人、僧侶でもある西行法師《さいぎょうほうし》42歳の歌。「如月の望月のころ」を現在の暦に直すと、3月31日。西行法師はその歌の願い通り、3月31日に73歳で亡くなった。

その829年後の2019年3月31日、元市民防災研究所理事で友人の岡島さんの町会に出かけた。その町会は千葉県習志野市にあり、京成大久保駅から徒歩約10分の住宅街。近くの公園で「さくらまつり」が開かれると聞いたからである。その日は花曇りの肌寒い陽気だった。私が到着した11時半には満開の桜の下にすでに紅白の幔幕やテントが張られ、シートの上にはテーブルや座布団席が設えられていた。町会予算は4万円とのことだが、テーブルの上には飲み物やおでん、焼き鳥はもとより、丹精込めた酒肴が盛沢山に用意されている。多くが住民たちの持ち寄り。浮き立つような大正琴や地元和太鼓同好会の演奏もあり、近くの町会も含め、子どもから年配者まで和気藹々の手作りさくらまつり。

車椅子の人や乳母車の家族連れもいる。西行法師が東山の麓で詠んだ境地には程遠いが、私も薄紅**色のさくら、役員さんたちの気配り、女性陣のおもてなしに酒も進み、久しぶりに気持ちよく酔った。宴の終了間際、体調不良を訴えた80代の女性がいた。すると、横になる場所をつくる人、衣服を緩める人、水を飲ませる人、救急車を呼ぶ人、家族に知らせに行く人、てきぱきと役割分担して対応。**その後病院から大事なしの知らせに一同ホッとする。アクシデント発生時、誰一人狼狽せず、処置の手際の見事さ。これぞ日頃の町会活動の賜物かと少し感動。

この**本一町会は、知る人ぞ知る実践的防災活動を展開している先進町会。**２０１８年には総務省消防庁の第20回防災まちづくり大賞「日本防火・防災協会長賞」を受賞している。

約３３０世帯・７組構成で町会員約７２０名の本大久保1丁目町会。２００１年に市

本一町会のさくらまつり

役所からの勧めもあって、町会内に「本一町会自主防災部」を結成。当初は町会役員が兼任していた。住民の高齢化や共働き世帯の増加により、平日昼間の防災力低下が住民の不安と懸念。この課題解決策として「住民みんなが命を守り、生き延びるための活動ができること」を基本理念とし、公助が届くまでの間**「自分と家族の命を守り、住民同士が助け合う共助の仕組の再構築」**を目指す。そのために、ブロックごとに活動の核となる「防災協力員」制度を発足させ、この制度を地域見守り24時間セーフティネットと位置付けた。防災協力員は年齢・性別にこだわらず、遠くの親戚より近くの隣人。いざという時は向こう三軒両隣の安否確認を行い、平時から防犯見守り活動を行うというもの。発足時48名だったが、2019年4月現在で125名。つまり10軒に4軒、町会員の5~6名に1名が防災協力員。**この町会が行った直近のアンケート調査の設問「大地震の時お宅は、向う三軒両隣の皆さんと『声掛けを行い、助けたり・助けて貰ったりする』雰囲気にあると思いますか」の問いに、「ある」と答えた住民が74%に上る。**「互近助の力」が極めて高い町会である。

さらに「生きる、生き延びる」と共に「火事を出さない」をモットーに街頭消火器を34か所独自に設置。ともかく、良いと思うことは積極的に取り入れ、次々とユニークで多様な活動を続けている。「千葉県北西部直下地震」に備えて取り組んだという、2018年度事業報告を見せてもらった。この町会の斬新的活動の一端が見て取れる。

(1) 先進町会の事業報告書

① 事業報告書（概要）

・組単位の防災訓練では、各戸安否確認活動に続き、多数の参加者が初期消火体験を行い、顔の見える関係づくりと初動活動の共有を図りました。
・家屋、家具などの耐震対策、地震火災対策及び水、食料の備蓄徹底を啓蒙しました。
・家族の帰宅困難者対策として、毎月1日の災害用伝言ダイヤル171体験日にスマホなど、ＳＮＳツールの活用を啓蒙しました。
・災害対策本部組織強化のため、防災リーダーにより主要な訓練ごとに事前打ち合わせを行い実行、実働、情報連絡、支援・補給3班の連携強化を図りました。

② 町会の防災力を強化する訓練の実施

・これまで発生した阪神・淡路大震災、東日本大震災のほか、最近の熊本地震、大阪北部地震を教訓にして、組ごとに訓練や意見交換会を実施しました。
・組ごと防災会議（9月22日）
・冬季防災・減災組ごと訓練（2月23日）。

③ 市の総合防災訓練に参加（9月2日）大久保小学校

・安否確認訓練から対策本部立ち上げを行い、避難所運営訓練に参加。

・防災倉庫保管の仮設トイレ組み立て、発電機操作、初期消火訓練。

④ **防災の集い　芋煮会**

・例年のように防災・防犯体制の実施と併せて町全体のふれ合い交流。
・防災コーナーを設けて防災機器、パネル展示、熊本地震の被災映像を紹介。

⑤ **防災資機材の点検整備**

・常備されている資器材の点検はイベントの都度実施。
（発電機の試運転は、熟年クラブの活動日に実施）

⑥ **防災リーダーの育成**

・市の危機管理課主催の防災リーダー研修会（3回）に防災協力員他が参加。
・大久保小学校区自主防災連絡会主催の避難所運営訓練、及び大久保連合町会主催の応急手当法の訓練に参加。

⑦ **本一・向ケ丘・さつき町会との連携**

・組ごと防災訓練、及び「防災の集い 芋煮会」への参加案内。

⑧ **防災・減災対策の啓蒙・広報**

・「町会だより」により、防災諸対策の啓蒙と防災活動の周知。
・町内全戸を対象に防災アンケートを行い、防災の問題点を把握し活動活性化を図る。

(2)「防災芋煮会」のレシピ

この町会の最大のビッグイベントというか、真骨頂と言えば秋の「防災芋煮会」。**330世帯720名の町会で、防災芋煮会には800名以上が参加する。参加者は町会の人だけでなく、町から巣立っていった若者世代が故郷に帰ってくるように、家族連れで参加する。芋煮会当日は町内に人気《ひとけ》がなくなると言われ、防犯パトロールが出て空き巣の警戒に当たるほど。**あまりにも盛況なため、町会以外からの参加を抑制するため、掲示板には案内もポスターも一切貼り出さず、回覧だけで周知。10年以上続けてきた芋煮会のノウハウは毎年蓄積継承され、**今も「芋煮会レシピ」が引き継がれている。**芋煮は主に8種類の野菜などと肉（牛コマ）で6鍋分作る。町会の奥さん達総勢50人以上が集まり前日に下ごしらえをする。各自の持ち物はエプロン、三角巾、布巾、まな板、包丁、皮むき器などと注意事項も微に入り細にわたる。

本一町会・芋煮会準備風景

芋煮会レシピ

①　芋煮・食材の下ごしらえ
・芋（里芋・2L・40kg）　洗った後皮をむき、大きめの一口大に切る
・大根（20本）　洗った後皮をむき、厚さ7～8㎜で6分割に切る
・人参（10kg）　洗った後皮をむき、厚さ5㎜でいちょう形に切る
・ごぼう（10kg）　洗った後皮をむき、縦にすじを入れ大きめのささがきに切る（ビニール袋に水を入れあく抜き）
・長ネギ（45本）　洗った後、4～5㎝の長さに切る（斜め切りでもOK）
・しめじ（47パック）　洗った後、石づきを切って細かくほぐす
・えのき（37パック）　洗った後、石づきを切り落とし、半分に切り細かくほぐし、根も細かくほぐす
・こんにゃく（あく抜き済み30枚）　横半分に切り、1～2㎝幅の大きさに指でちぎる
・牛肉コマ（7kg）　醤油と料理酒をもみ込み保管する
※すべての食材の下ごしらえが済んだら、食材ごとに6等分してポリ袋に入れる。
※調味料等は、だしの素（4g×57箱）、料理酒（8本）、醤油（4本）、発泡スチロールトレイ（6箱）

②　芋煮レシピ
・開始、鍋に約3分の1水を入れ、バーナーに着火
・10分後、大根、ニンジン、こんにゃくを入れる
・20分後、里芋、ゴボウを入れる
・26分後、あく取り、バーナーの様子を見てL側に
・27分後、料理酒1ℓ、醤油500㎖、本だし8g×8個、塩少々（ここで味見）
・31分後、牛肉（味付け済）を入れる
・34分後、あく取り（ここで味見）
・36分後、えのき、しめじを入れる
・38分後、ねぎを入れる
・41分後、あく取り、完成
・45分後、別釜に移す
・留意事項
○灯油は約6ℓ使用する（容器20ℓ入り）バーナーはH（高）又はL（低）
○灯油缶の使用後は倉庫に保管
○子どもには特に火気・火傷には注意
○食材等の取扱いは、衛生上、ビニール手袋を使用
○消火器の設置

このほかに焼きそばレシピもある。そして、綿菓子、焼き鳥など、子どもが喜ぶものも用意され、文字通り老若男女が町中で楽しめる「防災芋煮会」となっている。**この芋煮会が本一町会という心地よい居場所づくりに重要な役割を果たしている。その波及効果（求心力、団結力、連帯感、親睦）は計り知れない。**会員をブロックやグループに分けただけでは得られないチームワークである。衛生面・健康面やコストを考えながら、食材の手配、下ごしらえ、設営、調理、芋煮などの配布、後片付けなど、同じ目的を持って行う長時間の共同作業。これに参画した人たちの間に強い連帯感、親近感、仲間意識が生成されている。さらに役割分担することによる責任感が育まれ、目標達成への意欲や結束力が高まる。そして、**参加者から喜ばれ感謝・評価されることによって、チームの達成感と他者認知欲求が満たされる**など、複層的な相乗効果となって親和性はさらに高まる。たとえトラブルやアクシデントがあっても、それを一緒に乗り越えたときに絆は一層強くなる。

町内挙げての防災芋煮会、その主力は奥さんたちと防災協力員の面々。組織としては、災害対策本部長の下に「実行・実働班」「情報連絡班」「支援・補給班」の3部門を配置したシンプルな構成。3班はエリアごとに6～7名の班員を配置。平常時はそれぞれ見守りなどの活動を行い、災害時には在宅リーダーが担当し、少ない人員でも緊急度の高い優先事項に集中して臨機応変な初動対応に万全を期す。毎年実施される防災芋煮会は、炊き出し訓練だけでなく、発災時における自主防災組織としての実践訓練にもなっている。

(3) 防災活動の実践とその後

２０１１年3月11日、東日本大震災で習志野市鷺沼にある市庁舎横の震度計は震度５強を観測。その時、防災協力員で在宅していたのはT防災部長以下10数名。早速町内を回り安否確認を行った。その状況をそれぞれが本部に口頭で報告。しかし、反省会できちんと漏れのないように確認記録すべしとの意見もあり、その教訓を生かすべく「安否確認表」を作成した。それを町内34か所ある消火器ボックス内に収納し、発災時にはエリアごとの防災協力員が確認書で安否を確認し、本部に提出することにした。そして、万一本部に未提出のエリアがあれば、本部員がカバーする仕組みである。その上で、想定される「千葉県北西部直下地震」が発生すれば、習志野市は震度６強の強い揺れに見舞われるとして、緊張感をもってさらなる防災力向上を誓っている。本一町会もご多分に漏れず、年々高齢化が進んでいる。それでも**「できる人が、できることを、無理しないで、楽しくやる」**をモットーに、元気な高齢者がまちの安全を支えている。いつあるかわからない災害対応だけでなく、平時のさくらまつりや防災芋煮会など、様々な年中行事を通じ、**上っ面の親睦でなく、住民間の信頼感や互いに敬意を払う関係性をも醸成し続けている。**

私がさくらまつりで聞いた、ある住民の言葉がそれを如実に物語っていた。その人は80代の男性。咲き誇るさくらと集まった人たちに目を細めながら、「カミさんを亡くして今は一人暮らし。もう老人ホームに入ろうかと思って下見にも行った。でも、この町はこんな一人暮らしの年寄でも居心地がいいので、できれば死ぬまでずっとこの町で生きて行こうと思っている」さらりと話す笑顔に思わず涙が出そうになった。この言葉こそ、防災大賞以上に町会が誇るべき最高の勲章ではないか。恐るべし本一町会。**私が心地よく酔えたのは、心のこもったうまい酒肴や平成を惜しむ妖艶な花のせいだけではなかった。**

4 「ずっと住み続けたいまちづくり」に生涯を捧げた女性

(1) 凝り固まった縦割り地域活動の大改革

神奈川県のほぼ中央、横浜市の西の端に位置する人口12万6300人のまち、瀬谷区がある。その中の閑静な住宅街にあるのが阿《あ》久《く》和《わ》北《ほく》部《ぶ》谷《や》戸《と》自治会（以下「谷戸自治会」）。この自治会はたくさんの年中行事を通じ、互近助の力を集約し積極的に「ずっと住み続けたいまちづくり」を進めている。谷戸自治会は約900世帯、約2700人が住む地域である。まちの真ん中にある長屋門公園などで、盆踊りやお祭りなどとあわせ、谷戸自治会や阿久和北部連合自治会が主宰又は共催する。２０１９年の主な長屋門公園の行事を並べてみると、その活動ぶりが垣間見える。

これ以外にも地域ごとのお祭りや盆踊り、清掃活動、交通安全活動、防犯活動、運動会などもある。それぞれ季節に合った催しや伝統を大切にし、多くの住民が参加できるように工夫され、今や町ぐるみの年中行事となっ

2019年度長屋門公園の行事

・4月30日／長屋門みどりの日・巣箱づくり
・5月5日／子ども祭り（柏餅づくり）
・6月16日／あじさい祭りコンサート
・7月6日／さと祭りコンサート
・7月6日～7日／灯篭（とうろう）祭り・被災地支援義援金募集
・8月15日／すいとん祭り
・8月19日／田舎一日体験
・9月14日／十五夜お月見コンサート
・9月15日／藤田勇一語りの会
・9月22日／長屋門肝試し
・10月6日／古屋和子ひとり語り
・11月23日／蕎麦打ち教室
・11月（予定）／高橋長英「語りの会」
・12月22日／餅つき大会
・12月27日～28日／ミニ門松づくり
・1月7日／七草粥を召し上がれ
・1月11日／蔵開き～お汁粉を召し上がれ
・1月14日／繭玉づくり・どんど焼き
・2月3日／節分祭～豆まきと灯りの祭り
・3月1日／ひな祭り
・3月（予定）／藤田勇一語りの会（第2回）
・3月29日／こぶしの花祭り（草餅づくり）

ている。例えば7月の七夕灯篭祭りは相鉄線三ツ境駅から商店街を抜けて長屋門公園に至るまで「長屋門プロムナード」に約９００基の手作り灯篭を並べた祭り。長屋門前は様々なキャンドルの灯りがともり、向原第二公園では大灯篭も飾られる。２キロメートル以上の道々には小中学生や地元住民たちがつくった手作り竹灯篭が置かれ、陽が落ちると灯篭に灯がともり町と人々を幽玄の世界へと誘《いざな》う。人出も延べ数万人が浴衣姿でそぞろ歩く夏の夕べ。今や瀬谷区の一大イベントである。楽しむだけでなく、その日は**被災地支援の募金活動も行う。ご先祖様をしのびつつ犠牲者を悼み被災者へ心を寄せる集い。**主催は七夕実行委員会。主なメンバーは阿久和北部連合自治会、三ツ境連合自治会・地区社協、三ツ境商店街、長屋門公園運営委員会、阿久和地域ケアプラザ、二ッ橋地域ケアプラザ、瀬谷区社会福祉協議会、瀬谷区役所支援チームなど。大きなイベントは常に実行委員会方式にして町中の参画を意図している。これほど広範な団体や組織と地域を巻き込んで活発に地域行事ができるのには秘密がある。このまちには、「まちづくり」に半生を賭けて取り組んだひとりの女性がいたからである。

　その人の名は清水靖枝さん（１９４３～２０１８）。清水さんの口癖は**「自分がこの世を去るときにいい環境の中で去っていきたい。目標はみんながずっと住み続けたいと思うまち。自分が幸せになるには、周りが幸せでないとなれない」。**清水さんは、２年余りの闘病生活を経て２０１８年8月に75歳でこの世を去った。清水さんが中心になってつくった「見守りの家」「おやじの広場」「おとなり場」など、たくさんの心地よい居場所は、清水さんの熱い思いと共に引き継がれ今も活動が続いている。みんなを幸せにしようとした清水さんのお別れ会には数百人が参列し体育館を埋め、偉大な女性の死を惜しんだ。

ある時清水さんが嬉しそうに私に見せてくれた手紙には、「引っ越して2年が経ちましたが、未だに谷戸のまちの皆さんとの暮らしが忘れられません。離れてみて初めて分かりました。谷戸は本当に住みやすく、**皆さんが親戚みたいに接してくれたのを夢のように思い出します。主人の仕事が一段落したら、きっとまたそちらに戻りたいと思います。そしたら、死ぬまでずっと谷戸のまちで暮らしたいと思っています**」と書かれていた。その時私は、清水さんはついに「ずっと住み続けたいまち」を本当につくったのだと思った。

普通の主婦だった清水さんが、地域活動に関与するのは30年ほど前からだ。子どもが中学校に通うようになりＰＴＡ役員になったのがきっかけだという。ママ友たちの強い要請でその中学校で初の女性ＰＴＡ会長

長屋門公園事務室の清水靖枝さん

に就任。その後、横浜市から依頼され男女共同参画室の立ち上げ、女性フォーラムの開設などにも奔走。そしてあまり活発でなかった地元自治会の事務局を務め、時間をかけて大改革を行っていった。さらに瀬谷区に全国初の婦人防犯協会を設立し、全国や神奈川県の女性防犯協会設立にも関わる。そのころには民生委員・児童委員も兼務し、長屋門公園歴史ゾーンの事務局長、社協の会長など様々な要職に就いた。それまで**縦割り行政の影響で地域活動も縦割りとなっていた。**清水さんが多くの団体の長を兼任していたため、あまり活動的でなかった自治会や**縦割り地域活動に横串を刺し、各組織や団体を連携させそれぞれの特徴を活かし活性化**していった。団体ごとに別々に事業を企画し活動をしていたため、日程も予算も重なり合い、住民たちもばらばらに参加することになっていた。それを清水さんという各組織に精通した共通のリーダーによって、様々な行事が整理され、効率よく開催されるようになると個々のイベントの参加者が増加。そこに至るまでには男社会からの反発や軋轢もあったと聞くが、持ち前の粘り強さと情熱が彼女の強い信念と包容力と相まって、地域の信頼を徐々に勝ち取っていった。清水さんと仕事を一緒にした人は、みんなその人柄と人間力にはまって、まるで古くから付き合っていたような友人になってしまう。付き合いはその場限りではなく、その人が転勤になっても身銭を切って食事会などに招き、一人ひとりとの絆（心）を真に大切にしていた。

(2) おとなり場という互近助

私が清水さんと知り合ったのは8年前。横浜で「おとなり場」というユニークな「互近助」活動をしている人がいると聞き、長屋門公園に伺ってからである。「おとなり場」というのは清水さんの発案で、谷戸自治会が2007年から始めたものだ。高齢化が進む中で、近所の見守りが重要と考えた清水さんは、10軒ぐらいの組をつくり、組ごとに身近な公園、駐車場、畑、空き地を災害発生時の一時避難場所にした。お隣同士集まるので、その場所の名前を「おとなり場」と名付けた。**災害時にはおとなり場に集まり、安否確認を行い助け合う。そして普段からさりげなく見守り合う。**谷戸自治会では500円×世帯数の費用を捻出して、おとなり同士がお茶を飲みながら集まる交流の場もつくった。さらに「おとなり場カード」(図7)を作成。このカードには各世帯の家族構成や在宅時間、高齢者や乳幼児の有無、避難時に援助が必要かどうかも明記されている。そして、組長が「おとなり場リーダー」となってカードを管理。このカード情報を基に、災害時の安否確認や救助、避難行動の支援を行う。東日本大震災のとき、瀬谷区は震度4程度だったので避難の必要はなかったが、短時間に安否確認が完了した。

カードは毎年4月に各家庭に戻され見直し、再提出される。**おとなり場カードの回収率はほぼ100%。**多くの自治会や自主防災組織が個人情報保護などで苦労する中、異例の高率である。清水さんは「1組10世帯程度の目の届く範囲での助け合う仕組みなので、カード提出の協力もしてもらいやすい」「それに、これは災害時だけでなく、普段から隣近所を思い遣り、見守り合う意識づくりにもなる」と言っていた。こうしたことができるのは、住民とのコミュニケーションが密になっているからこそ、そして常に住民目線で行動しているからであろう。この発想は私とよく似ている。谷戸自治会で全戸に配布された清水さんが書いた文章を見せてもらい仰天した。

図7　谷戸自治会の「おとなり場カード」

おとなり場カード（記入例）

このカードは、地震・火事などの災害が発生した時に、皆さんの状況を確認し、救助するために使用するものです。

おとなり場リーダー　田中三郎

Aブロック　1組　自宅以外の連絡先電話番号　000-000-0000

在住者名	在宅の状況（在宅＝○　不在＝×）				該当者に○を		避難時に手助けが必要な人	災害時の状況
	平日昼間	平日夜間	休日昼間	休日夜間	65歳以上	幼児		
谷戸　太郎	×	○	○	○				
花子	×	○	×	○				
一郎	×	×	○	○				
梅子	○	○	○	○				
加奈	○	○	○	○		○	○乳児	
誠	○	○	○	○	○		○車椅子	

1. カードは住居毎に作成します。従って2世帯が同居している場合も全員を1枚のカードに記載します。
2.「在宅の状況」は通常、主としている状況を基準にします。
3.「災害時の状況」には何も書かないで下さい。
4. 記載の内容に変更があった場合は、新たに作成しおとなり場リーダーに提出して下さい。
5. このカードは2枚作成し、1枚は自治会に、1枚はおとなり場リーダーに提出。毎年新たに提出して下さい。

～人は一人では生きていけません。お互いに助け・助けられ、ときには迷惑をかけ合い、〝お互い様〟の中で生きていくのだと思います。基本は〝出来る限り自分のことは自分で〟です。その上での〝お互い様〟です。皆で、心安らぐ地域つくりを目指しましょう。それぞれの組の見守り合いが繋がって、住み続けたい、住み続けてよかったと言える谷戸の地域となり、子どもにとっての故郷《ふるさと》になる筈です。～

この文章は私が提唱している「互近助の力」や「近助の精神」に書いたものとほとんど同じ内容である。そこで、私のプロフィール代わりに持参していた防災システム研究所のホームページに書いた「近助」のコピーを見せると、「まー！私の考えとそっくり」と今度は清水さんが驚く番だった。それまで私たちは、全く接点のない初対面。そして、互いの文章も初めて見たものばかり。なのに、清水さんと話をしていると、**同じ感性で修羅場を一緒に潜り抜けてきた古い戦友か同志のようだった。**さらに、いざというとき、遠くの人は助けられない、見守れない。だからこそ、近くで見守り助け合う仕組みの必要性を訴え続け、向こう三軒両隣で「防災隣組」をつくること、小さな単位で平時からの見守りや声かけ、いざというときの助け合いを呼びかけてきた。その考え方も清水さんの「おとなり場」と完璧に一致していた。特に清水さんが全戸に配布したという「日常の見守り体制」というチラシを見ると一目瞭然である。

「日常の見守り体制」

防災にかかわらず、日ごろの見守り合いが大切です。組内会員の助け合いが、一人で暮らしている方々の見守り、子育て中の母親・父親の子育て不安の解消、障害をお持ちの方への理解や手助けにつながっていきます。谷戸に暮らしているすべての人たちが、安心して暮らせるよう、一番小さな単位である「組」内の見守り体制を築いていきましょう。

◆お互いに挨拶を忘れずに……

◆組内の一人で暮らしている、特に高齢の方へは日ごろから声をかけましょう。もし、お顔が見えなかったり、雨戸が閉まっていたり、新聞がポストにたまっていたらおとなり場リーダーに連絡し訪ねて下さい。訪ねても応答がない場合は、おとなり場リーダーさんから担当民生委員に連絡をして下さい。駆け付けた民生委員と一緒に対処しましょう。A・B・Cブロック担当＝○○さん・電話番号、D・E・Fブロック担当＝○○さん・電話番号

◆組内に赤ちゃんが誕生したり、乳幼児がいる若い世帯がある場合、暖かく見守り、

何でも相談できる近所関係を作っていきましょう。基本的に子育ては家庭ですが、余り頑張りすぎず、お隣近所の力も遠慮なく借りましょう。自分の子どもでなくても、注意をしなくてはならない時は遠慮せずに注意し合いましょう。
◆障害のある方もおいでになります。日常の地域生活がスムースに営まれるように見守りや配慮が必要です。手助けが必要な時、組の皆さんの手が出しやすい地域関係を、双方で作っていきましょう。

清水さんと私は終戦間際に生まれ、暮らした場所は異なるものの戦後の厳しい生活を体験してきた同い年同士。それもあってか、打てば響く会話にすっかり意気投合した。以来、合間を見ては一緒に食事したりしながら、時間は短くとも談論風発密度の濃い時を過ごした。そして「おやじの広場」にも出席させてもらった。

(3) 頼もしい戦力「おやじの広場」

その名前に惹かれ、長屋門公園の古民家で開かれた「おやじの広場・定例会」に飛び入り参加。地域活動や地域活性化を図るための人財が必要と考え、清水さんたちが注目したのが「団塊の世代」である。定年を迎え現役を引退した人たちが続々と、地域に戻ってきている。それまで**企業戦士として、ほとんど家庭を顧みず地域に接点のないおやじたち。清水さんたちはその接点を作れば、様々な経験やスキルが地域で活かせるのではないか**と考えた。２００６年に掲示板などに手作りのポスターやチラシを貼って募集したのが始まり。「カミさんから、今度おやじ同士の飲み会が開催されるらしいから、あなたも行って来たらと言われて来てみた」とか「男の井戸端会議らしい」といって参加し、今では生活の中におやじの広場が定着していてすごく楽しいと言う。

会場は長屋門公園にある合掌造り・茅葺屋根の古民家。土地の歴史がしみ込んで黒光りする大黒柱に囲まれた座敷である。そこにオレンジ色のウインドブレーカーを着込んだ20〜30人のおやじたちが囲炉裏を囲んでいた。年齢は60代から80代。それぞれが血色もよく目の色が生き生きして、高齢者とはとても思えない生気に満ちあふれている。新年度ということで前年度の活動報告が行われたが、その内容、その活動ぶりには度肝を抜かれた。

ざっと数えただけでも28項目。それを満場一致で承認、意見交換が一段落するとお楽しみ飲み会。持ち寄った酒と缶ビール、つまみは乾きものと清水さんの娘さんの手作り料理だ。それも「地産地消」。地元で採れた朝掘りのタケノコの煮物などが大皿に盛られる。お世辞抜きに美味い！おやじの広場の面々は多彩な技能やスキルを持つ経験者が多く、棟梁と呼ばれている内田さんは本職顔負けの大工仕事をこなす。定年までの勤め先や役職など、この会では一切タブー。上場企業の役員や花型ベンチャーの経営者だった人も、**地元に戻っておやじの広場ではただのおやじ。垣根のない付き合いだから長く続く**と言う。おやじの広場だけでなく清水さんを補佐してきたYさんという世話役はいるが、**すべてのおやじたちが上も下もないオールイーブン。**このフラットな関係がいい雰囲気を醸し出す。

町内会や自治会などでは、防災対策だけでなく、孤立死防止や隣人の見守り合いが重要だということはみんなわかっている。しかし、その課題を誰がどうやって対応するかの具体策はなかなか進まない。いつもかけ声だけで終わるのは、具体的戦力（人）が決定的に不足しているからだ。どんな素晴らしいアイデアや高邁な理想も、その高みに登るための梯子を作る人、梯子を支える人、つまり汗をかき、体を張って着実に推進する人が不可欠である。それも**一過性のボランティ**

おやじの広場 定例会

おやじの広場・主な事業報告

・4月7日：ホタルの幼虫放流（子ども達を集めて公園内に毎年放流）
・4月8日：「おやじの広場」開催。鯉のぼり飾り付け（端午の節句に合わせ、4月から古民家周辺に住民寄贈の鯉のぼりを飾るイベント）
・4月15日：老朽ベンチ修理
・4月16日：区役所職員がゲスト参加し、震災避難所支援活動報告
・4月23日：公園愛護会活動開始（月1回行っている公園清掃）
・5月10日：区民の会会議で「おやじの広場」活動紹介
・5月18日：向原第二公園トイレのステンレス扉の盗難に伴う修理作業
・5月21日：阿久和北部見守り合い拠点づくり、オープンカフェ開催・支援
・6月17日：東日本復興祈願燈籠まつり用燈籠準備
・6月18日：ヨコハマまち普請事業申請「第一次審査プレゼン支援」
・7月2日：さとまつり支援
・7月2日～3日：東日本復興祈願燈籠祭り支援（燈籠を530基設置し、東日本大震災犠牲者の慰霊と義捐金を集めることが目的）
・8月20日：田舎一泊体験支援
・9月29日：和泉川おとなり橋廃材収集（架け替えで出た廃材を再生利用すべくおやじ連中が収集に出動）
・10月10日：阿久和北部運動会に参加及び支援
・10月16日：まちづくり交流会に参加
・10月23日：瀬谷フェスティバルで「地産地消」濱麦ラガービール出店
・11月6日：阿久和北部見守り合いの集いに参加及び支援
・11月22日～23日：長屋門紅葉ライトアップ支援
・11月30日：大雄山紅葉狩りとアサヒビール工場見学会実施
・12月4日：谷戸自治会「和泉川源流を訪ねて」に参加
・12月15日：長屋門母屋風除け保温設備製作
・12月18日：餅つき、ミニ門松づくり支援
・1月12日：見守り拠点・禁煙看板製作
・2月3日：節分祭支援
・2月4日：見守り合い拠点まち普請第2次審査プレゼン応援参加
・2月10日：阿久和小学校「昔の遊び」出前指導
・3月15日：老朽化作業台兼用舞台修理

アや助っ人ではなく、地域に根差し、地域で暮らす人がずっと主力にならなければ、地域の人たちを動かし巻き込むことはできないし継続しない。

そのことに気付いた清水さんは、自分たちの地域にある豊富な人材の宝庫を見つける。それが団塊の世代の人たち。それが「おやじの広場」になった。一定の年齢を経て人生の酸いも甘いも噛み分けてきた、いわば人生の達人たち。パソコンの達人もいれば、広報に携わってきた広告のプロ、電気、水道、統計など優れたスキルを持っている人がいる。おやじの広場は地域の人財バンクになった。

☆おやじの広場の基本方針

「無理なく、楽しく、自分のために、それが地域のためにも」

・地域に人と人のつながり、和と輪の広がりを
・出入自由、無理なく、楽しい会に
・地域の情報をキャッチする場に
・先ず、地域の様々なボランティア活動から

このように**肩に力を入れないゆるい基本方針はあまり見たことがない。**がんばり過ぎず、自由で、楽しく、ほどよい距離感。会社勤めで人間関係の難しさを知っている人たちが集まっている。来月のイベントに出席できる人?と言うと、「その日はゴルフコンペ」「か

みさんと温泉に行くから」などの声が上がる。聞いた方も「温泉?・そりゃそっち優先だ」等と和気あいあいのキャッチボールが飛び交う。つまり、それぞれが大人なのだ。**おやじの広場とは「真の大人の広場」。**地域活動にはおやじの広場のメンバーや様々な団体組織がかかわって実行し、それが地域活性化につながる。そして、住民同士のふれ合いを大切にしてきた。清水靖枝さん、女性がひとりでこれほど人や行政を動かし地域に貢献した例はほかにない。**そのスタンスは常に子ども、高齢者、障害者など弱者の味方。**口先で言う人は多いが、1つ1つを具現化し、具体的事業として実践し成功させてきた。

その一番良い例が「見守り広場」。谷戸自治会では定期的に住民にアンケート調査を行っている。その中に**「行けば誰かに会える拠点、居場所が欲しい」**という意見があった。すぐに清水さんは行動を開始。地域内にはあまり利用されていない公園があり、そこに人が集まり、子どもたちに目が届くようにすれば公園の活性化になる。ここに集会所を造れば一石二鳥と白羽の矢を立てた。そして、区役所の地区支援チームの応援も得て「ヨコハマまち普請事業」に応募。500万円の助成金を見事獲得。工事には、おやじの広場や地域の人々、中学生までもが参加。北欧から取り寄せたログハウスをみんなで組み立てた。そして出来上がったのが「見守りの家」である。高齢者や子どもたちみんな出入り自由。地域の新しい見守り拠点として活用されている。若い子育て中のお母さんが、先輩の高齢者に育て方の相談をしたりしている。パートタイムから母親が戻るまで宿題をやっている子どもがいる。今では定期的に住民フリーマーケット、見守り体操会、学習支援、子ども食堂、大正琴やハワイアンの演奏会も開かれている。それまで活用されなかった公園が、子どもから高齢者まで本当の見守り広場になっている。見守りも肩に力を入れるのではなく**「大変な時に声を出せて、聞いた人がぱっと手を出せる、そういう環境が一番いい。地域では支援する人とされる人という分け方はしない。担い手という言葉も使わない。自然な人間関係を創ればいい」**弱者の味方、清水さんの言葉には支援される側に立って引け目を感じさせない思いやりが満ちあふれている。清水さんは亡くなったが、谷戸地区には間違いなく清水さんの「ずっと住み続けたいまちづくり」の思想が引き継がれている。おやじの広場のメンバーを募集したとき、清水さんはこんな言葉を書いていた。**「職場でもない、家庭でもない、何のしがらみもない集**

谷戸自治会のログハウス「見守りの家」

まりです。やがて終の棲家になるだろうこの地域のことを、ビール片手に囲炉裏端で語りませんか」。

第9章

自治体の互近助の力

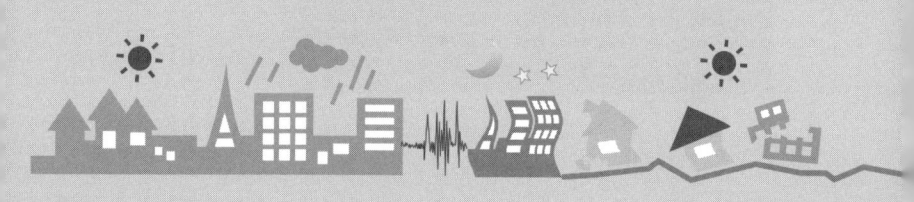

1 慶びごとは招かれたら行け、哀しみごとは招かれずとも早く行け

阪神・淡路大震災（1995年）発災時、1月17日〜3月21日の2か月間だけに限っても、全国の自治体からの人的支援として、警察・消防職員を除き防災関係1189人、生活関係2万9092人、病院関係2万7550人、水道関係5万8082人、建築関係1万328人、衛生環境関係2万1224人、土木関係1万4661人、その他2万6019人、延べ人員合計16万8645人もの人たちが被災自治体へ駆けつけた（消防庁資料）。ある神戸市の職員は**「すべて自分でやらなければいけないと思い込んでいた。応援の職員が目の前にきてくれたとき、ああ、自分ひとりで頑張らなくても良いんだと、どれほどホッとしたことか」**と述懐する。

1995年阪神・淡路大震災（2時間後の神戸）

災害が発生すると各職員は平常業務に加え、数十倍の業務量をこなさなければならない。神戸市への応援は、応急対応からその後の復旧・復興対応まで、継続的に支援活動が繰り広げられた。今でこそ防災先進都市と言われるが、当時の神戸市は長年大規模災害への対応経験がなく、大規模災害・甚大被害発生時の具体的行動マニュアルがなかった。そのため、発災後の対応業務のリストアップとそのプロセスがすぐに描けなかった。また、災害対応に係るそれぞれの制度や法令などに基づいてなすべき全体業務の把握もすぐにできない。現場から上がってくる課題や問合せに、優先順位が適切に判断できず、行き当たりばったりとなっていた。

そんなとき、**全国から駆け付けた自治体の支援職員たちに、神戸市の職員たちは励まされ、経験したことのない災害に立ち向かう勇気を取り戻す。**ただ、阪神・淡路大震災は兵庫県南部地震と言われるように、被災地域は甚大被害ではあるが、全体から見れば、限定的かつ局所的災害。隣接する大都市の大阪をはじめ、近隣自治体被害は比較的軽微だったため、限られた被災地域に対し全国から多くの職員が駆けつけることができた。

こうした**手厚い支援を受けた被災地域は、被災経験自治体として、さらにはその時の恩返し（恩送り）として、災害が発生すると直ちに被災地に駆けつけ熱い支援を展開する。**

2011年3月11日、東日本大震災が発生。直後から消防、警察、自衛隊、国交省などの防災関係機関は組織を上げて迅速かつ組織的な支援を開始した。被害想定を大きく超える大津波襲来により、広い範囲の自治体施設や職員が被災。防災関係機関は災害ごとに教訓を検証し、適切かつ迅速対応スキルをブラシュアップさせている。特に東日本大震災以降は、広域連携の重要性が自治体間で共有され、広域的な協定が締結されてきた。最近は全国知事会、市長会、町村会等が主導して、被害度合いに応じて派遣職員数を配分して迅速に対応している。

2 真っ先に駆け付けたのは、顔の見える自治体

(1) 経験職員参戦！一気に変わった支援物資の動き

東日本大震災における被災自治体職員からは**「一番早く駆けつけてくれたのは姉妹都市や防災協定自治体だった」**という声が多かった。日頃から相互に交流があり、個人の携帯電話番号を交換している自治体職員ほど迅速支援を可能にした。これは企業でも自治体でも同じだが、災害発生時は通常の電話やファックス、メールは、通信回線の混乱や停電などでほとんど機能しない。発災時に連絡が取りやすいのは、職員個人のスマホや携帯のメール。いざというとき、**分厚いマニュアルよりもキーパーソンと迅速に連絡が取れるか取れ**

ないかである。そうした関係性が自治体間の垣根を越えて醸成されていたのは、平時から交流のあった首長や職員などの顔の見える人たち。

一方で、支援要員として派遣されてくる職員が必ずしも経験者とは限らない。自治体によっては新人研修のつもりで派遣したところもあった。

想定外の大規模災害に見舞われ、混乱状態の中、さらには睡眠不足で疲労困憊の被災自治体職員の前に、入れ代わり立ち代わりやってきて「災害現場は初めてですが、何でも言ってください」と言われても、被災地の職員たちは困惑する。「私は、避難所運営の経験があります」とか「物資の仕分け業務を経験しています」「罹災証明業務のことなら任せてください」と言ってくれると、とても助かるという。慣れない業務を担当させれば、結果として被災対応サービスにおける質の低下を招きかねない。また、他の職員の士気を低下させるなど、混乱や被災者に迷惑をかけることにもなる。地理不案内の支援要員に戦力低下の被災職員を張り付けることはできな

2011年東日本大震災

い。原則として自己完結型の支援が必要である。

熊本地震のとき、災害直後に全国から多くの支援職員が駆けつけたが、その人たちを効率よく活かせなかった自治体もあった。遠方からやっと駆けつけた職員に「体育館で待機して下さい」とか「業務分担ができていません、いったん宿舎で待機して下さい」と言われ、反面教師として「支援受け入れマニュアル作成が必要」と報告書に書いた職員もいた。実践的なマニュアルがないと時系列で変化する被災者ニーズや被災環境の変遷に職員がついていけない。そのため、すべての対応策が後手に回ってしまい。支援職員があきれてしまう場面も多くみられる。そのためにも、支援を求める業務範囲なども明確にしておく必要がある。どこの自治体も、**時系列の災害対応アクションカードや支援受け入れマニュアル作成が不可欠。**

熊本地震のとき、県立陸上競技場などの大規模施設に**救援物資は届いていても、それを仕分けし配分、配送するオペレーションのできる職員が不足していた。**そのため、避難所や防災拠点から物資の不足情報が頻々と届いた。その都度、対策本部は上部自治体にさらなる物資供給を依頼し、過剰支援物資問題を招く。

熊本地震の現場で「その節はお世話になりました」と私に声をかけてくれたのは仙台市職員のA氏。彼は東日本大震災当時総務課長だったと思うが、仙台市内の体育館で救援物資の仕分けや配送の総責任者として、大量の物資をさばいていた。いわば、被災最前線を取り仕切ったベテラン職員。熊本地震のときは他の部署の部長となっていたが経験を買われ、複数の職員と共に支援要員の責任者として駆けつけたという。彼の顔を見て私もホッとした。こうした経験者は災害の規模は異なっても、大量物資の受け入れ手順、人員や仕分け用具の手配など、課題解決のノウハウを熟知している。彼が到着してから、物資の需給管理がみるみる改善されていった。

(2) 姉妹都市から届いた、米と水と友情

阪神・淡路大震災の前年の1994年10月4日午後10時22分、北海道根室市の沖合200キロメートルを震源とするマグニチュード8・2の北海道東方沖地震が発生。釧路市と厚岸町で震度6の揺れを観測。死者9人、行方不明2人であるが、その11人すべてが日本領土（ロシア実効支配下）の択捉島での被害。北海道全体での被害は釧路市が最も多く、負傷者437人、住宅全壊61棟、半壊348棟、一部損壊7095棟であった。直後に北海道の太平洋沿岸に津波警報が出された。観測された主な最大津波高は根室市花咲港で173㎝、釧路港で97㎝だったが早期の警報で避難が早く、津波による人的被害はなかった。ただ、択捉島では地震による建物被害に加え、直後に津波が襲い、死者・行方不

明者は11人に上った。住宅損壊や流失で約1万人がロシアへの移住を余儀なくされる。

翌朝、うっすらと雪が積もった釧路に入った。道路の損壊、がけ崩れ、マンホールの浮き上がり、ガス漏洩、埋め立て地周辺の液状化現象などを取材。その後根室に向かう。それは、花咲港への津波襲来調査もあったが、択捉島が甚大被害を受けたという情報を聞いたからである。釧路市と厚岸町が震度6、震度5は根室市、足寄町、浦川町、中標津町、羅臼町だった。そのとき、私はこう思った。震源が根室沖200キロメートル、択捉島で甚大被害だとしたら、震源と択捉島に最も近い根室も被害が多かったのではないかと。実際行ってみると釧路ほどではないにしても根室市の被害も甚大だった。重傷8名、軽傷42名、住家全壊17棟、半壊271棟、一部損壊1533棟、漁船損壊12隻、道路の損壊58か所。根室市中心部の総合文化会館も損壊していた。それに住宅などの被災状況は思った以上に深刻だった。一部で停電が発生し、市内全域で断水。しかし、政府関係者などは被害が多かった釧路市を見て帰京する人が多かった。震度6の釧路市で犠牲者ゼロだから他地域の被害は軽微という推測だった。**救援物資も釧路には届いていたが、被害が少ないと目された根室にはほとんど届いていない。**全半壊288棟ということもあって学校体育館などの指定避難所には多数の避難者がいたが、釧路と比べて根室への支援物資は少なく不足していた。

地震から5日後の10月9日、根室市内に突然放送が流れる。「〜まもなく、市役所駐車場に姉妹都市の黒部市から救援物資が運ばれてきます。時間のある方はお出迎えお願いします〜」。最初は何かの間違いと思った。黒部市と言えば富山県。そんな遠くから……。後で聞くと、根室市立花咲小学校と黒部市立生地小学校が姉妹校となっており、その縁もあって両市は1976年に姉妹都市の提携締結。それ以降、両市は様々な交流を重ねていた。毎年親善訪問団が行き来し、根室カニ祭りには黒部市の物産コーナーも設けられた。学校教育運営実情視察・研修、スポーツ交流など多岐にわたる親密な付き合いが続いた。青年会議所、市議会、アマチュア無線クラブ、各分野・各層での交流を重ねていた矢先の地震。根室で震度5の一報に、黒部市は直ちに姉妹都市への緊急支援を決定する。

翌日から大急ぎで物資を集め、7日に富山県黒部市を出発。丸2日かけてはるばる根室までやって来た。**大勢の根室市民が拍手で迎える中、黒部から2台のトラックがやってきた。精米3トン、黒部の名水2400リットルを積んで、根室までの1585キロメートルを、夜を日に継いで走り通しての救援物資。**同乗してきた黒部市の総務課長は、「根室市の皆さん、震災お見舞い申し上げます。大変でしたね。黒部市民はみんな、根室の皆さんを心配し応援しています。持ってきたお米や水はわずかですが、すぐに第2陣、第3陣で届けます。大変でしょうけどくじけず、一緒に頑張りましょう」嵐のような大拍手が沸き起こったことは言うまでもない。

出迎えた大人も子どももみんな泣いていた。「根室は見捨てられていると思っていた。でも、私たちを忘れていない人たちがいてくれた」「あんな遠くから……本当にありがたい」「勇気をもらった、この嬉しさは一生忘れない」と感動の涙。私は改めて姉妹都市の意義効用を見た。離れた地域の自治体が縁あっての親戚づきあい、これぞ自治体間の互近助である。その後、物資と共に支援職員も駆けつけてきた。あのとき、震災に落ち込んでいた人たちや職員を励まし勇気づけたのは支援物資以上に、遠隔地にもかかわらず、丸2日かけて走り続け、届けられた黒部市民の根室市民への思いやりと友情だった。**「慶びごとは招かれてから行けばいい、哀しみごとは招かれずとも早く行け」**。

第10章

企業における互近助の力

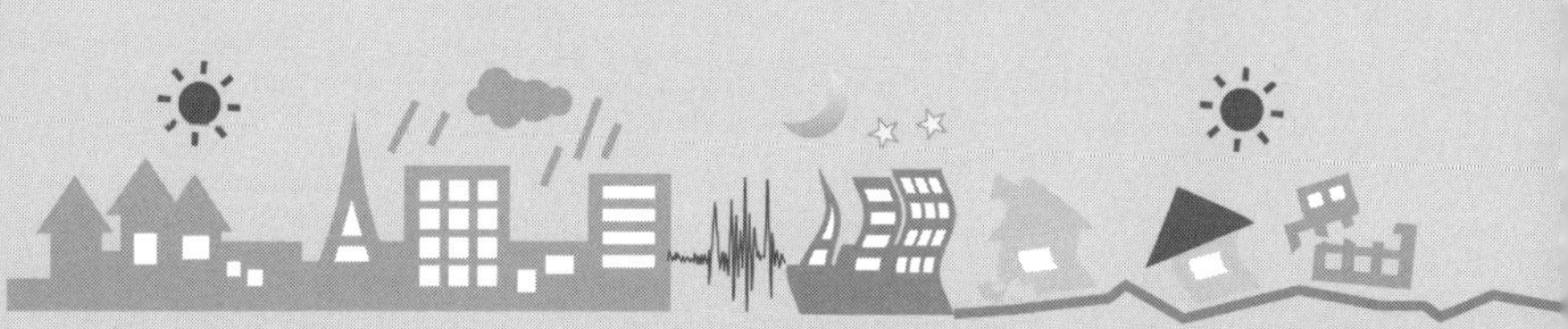

1 企業防災隣組

(1) 首都直下地震、800万人を超える帰宅困難者

2013年12月、内閣府は首都直下地震の被害想定を発表。モデル地震（都心南部直下地震・M7・3）が発生した場合、最悪の死者2万3000人、建物の損壊61万棟、うち火災によるもの41万棟、出火件数約2000件、被害額95兆円。中でも帰宅困難者は東日本大震災の515万人を大きく上回る800万人と想定。この帰宅困難者の定義は、自宅から20キロメートル以上離れている人、20キロメートル未満でも運動能力が乏しく帰宅できないと想定されている人である。実際に震度7の直下地震に襲われれば、橋梁やトンネルなどの崩落、液状化による道路陥没や土砂災害、周辺火災などにより通行不能道路が多数に上る可能性がある。となれば、たとえ自宅まで20キロメートル未満の距離であっても多くの人が帰宅困難者になる。私は、**帰宅困難者は800万人を大幅に上回ると推定している。**東日本大震災のときは、東京は震度5弱～震度5強程度の揺れだった。そのため、建物は長く大きく揺れはしたが、倒壊する建物や損壊した社会システムは少なかった。それでも交通機関は運転を見合わせ、道路は大渋滞。帰宅困難者が550万人に上り、徒歩で帰宅したり、

職場や出先の施設で一夜を明かした。それでも翌日には公共交通機関も道路もほぼ平常に戻った。

想定される首都直下地震の揺れは震度6強～震度7とされる。そして揺れる周期も建物が倒壊しやすい阪神・淡路大震災型の揺れになる可能性が高い。となれば、長期にわたって電車は止まり、道路は倒壊したがれきや電柱で通行止めが続く。ビルやマンションでエレベーターに閉じ込められる人は想定約1万7000人。火災が拡大すれば、帰宅したくても帰宅できない人たちが町にあふれる。東日本大震災のときは周辺の避難場所で、ある程度受入れができた。しかし、首都直下地震では、被災した住民でさえ半分も収容できない。そうなると、ターミナル駅周辺には行き場を失った人たち数百万人が立ち往生するとみている。

東日本大震災時に駅から利用客を締め出したことへの激しい批判を受け、JR東日本は帰宅困難者対策を防災対策の重点施策にした。そして2013年3月から「一時滞在場所」として、**東京から30キロメートル圏内約254駅のうち、約200駅で、一時的な滞在スペースを確保するとホームページに掲載。**一時滞在スペースとは、国や自治体が指定する「一時滞在施設」（集会場や庁舎、オフィスビルの玄関、学校、ホテルの宴会場など）へ移動するまでの間、短い時間だけ利用者を受け入れる空間。その場合でも駅係員が危険と判断した場合は受け入れないこともあると書かれている。路線別に見てみると山手線、中央線、常磐線、総武線、京葉線、京浜東北線、南武線、横浜線、東海道各線など、ほとんどの駅が含まれている。そこでは**トイレや公衆電話が使用でき、一時滞在場所がない駅でもトイレと公衆電話が使用可能となる。さらに東京駅、新宿駅、渋谷駅、池袋駅など私鉄が乗り入れているターミナル駅では飲料水や非常食、毛布など約3万人分の備蓄品を配備。**

ただし、これは駅が損壊しないことが前提。鉄道駅と言っても新しい建物もあれば、老朽建物もある。もし、震度7に襲われた場合、多くの駅舎や施設の損壊が想定される。帰宅困難者対策は鉄道会社だけで責任を負えるはずはない。そこで立ち上がったのが「企業防災隣組」だ。

⑵ 東京駅周辺企業防災隣組

２００２年10月、企業防災隣組（東京駅・有楽町駅周辺地区帰宅困難者対策地域協力会）が発足。三菱地所、ＪＲ東日本、東京電力、ＮＴＴ東日本など東京駅の周辺主要企業約70社が集まり東京駅周辺・防災対策のあり方検討委員会が開かれたことが契機。エリアとしては大手町、丸の内、内幸町、有楽町駅周辺地域。当初テーマとなっていたのは「帰宅困難者と企業セキュリティ」である。会議では地元企業が地区の防災活動に対応する必要性が指摘された。そこで生まれたのが**「東京駅周辺企業防災隣組」**。2004年1月、千代田区環境安全部防災対策課から、東京駅・有楽町駅周辺地区の帰宅困難者対策地域協力会として行政上の位置付けを受けることになる。月1回程度の総会を中心に、講演会、啓発活動、千代田区帰宅困難者避難訓練への参加、BRP（Business Ruling Platform・事業復旧計画）による活動企画の掲示を通じ、地区の安全性を世界に発信することを目標に活動を展開する。

この地域は昼夜人口差の激しい地域。千代田区は中央に皇居があり、国会、首相官邸、中央省庁、最高裁判所などの三権をはじめとし、議員会館など国家権力の中枢が集約された地域である。永田町、霞が関という官庁街と共に、丸の内、大手町、日比谷などは大手製造業、大手総合商社など日本を代表する巨大企業の本社も集中している。そこに30万人～40万人が働いている。さらに、東京駅、秋葉原、神田駿河台など全国から人が集まる電気街、劇場、デパート、大型商業施設、野球場などホットプレイスと言われる地域も抱えており、千代田区の夜間人口は4万4000人と、東京23区で最も少ない人口だが、昼間人口は19倍の約85万人～100万人にまで膨張する特異な都市。特に東京駅周辺には買い物客、ビジネスマン、地方や外国からの観光客などが集中し災害が発生すると約200万人の帰宅困難者が集まると推定されている。当初は各社の防災マニュアルの策定と周辺の防犯などが話し合われたが、国の機関、東京都、千代田区、自治会、自主防災組織などと連携し、大量の帰宅困難者を支援することを主目的に変更された。

企業防災隣組は「防災まちづくり部」「安否・被害情報部」「帰宅誘導部」「救急救護部」「食料・飲料水配布部」「支援要請部」「行政機関情報収集部」「ボランティア統括部」など、帰宅困難者支援にシフトした体制を取っている。災害が発生した場合、これまでは混乱を避けるために、各企業及び建物ごとにシャッターを閉めていた。それが**帰宅困難者を受け入れるためにシャッターを開き、受け入れスペースとしての「開放ゾーン」を決めることになった。**また、関係者以外立ち入り禁止とする「スタッフゾーン」を明確にするなど、助ける側に立ち位置をかえた。特筆すべきは防災関係機関と連携して帰宅困難者たちへのリアルタイム情報を提供すること。エリアメールで地域情報を流し、ＩＰ電話、第二通信網やＳＮＳなどを利用して避難所や支援情報を迅速に提供し混乱を最小限に抑制しようとしている。千代田区では皇居前広場などに大画面の液晶スクリーンで情報を伝えるほか、今後は民間ビルの壁面に画像を映し出すパブリックビューイングやコンビニ店頭にテロップを流すことなどを進めている。

今まで企業は自社とサプライチェーンなどグループの事業継続を最優先としてＢＣＰ（事業継続計画）を策定してきた。しかし、東日本大震災では被災の有無にかかわらず企業が何をしたか、何をしなかったかが問われることになった。特に災害直後の対応はその企業の社会に対する姿勢やポリシーを示す好機。このように企業防災隣組として、単に個人や地域だけではなく、今後は企業の災害時CSR（社会貢献）事業計画として重要な位置付けになっている。東京駅・有楽町駅周辺地区の企業防災隣組の特徴は、単に企業だけでなく、行政や地域と連携して対応している点があげられる。これからは個々の企業が自社グループだけを基準とした事業継続を図るのは困難。**点や線の防災ではなく、面で対応する対策が求められる。つまり、BCP（Business Continuity Plan／事業継続計画）からCCP（Community Continuity Plan／地域継続計画）にシフトして、企業もコミュニティの一員（企業市民）としての責任と役割を果たす必要がある。**

では東日本大震災発生時、この企業防災隣組がどう機能したのか検証する。3月11日当日は東京駅・有楽町駅周辺には多数の帰宅困難者がいた。東京駅の丸の内ビルディング（丸ビル）に約500人、新丸の内ビルディング（新丸ビル）にも約500人、東京国際フォーラムに約4000人が滞在。国際フォーラムに人が集中したのは、当時のJR東日本が旧ルールに基づいて有楽町駅係員が国際フォーラムに誘導したことによる。丸ビル地下には千代田区の防災倉庫が設置されている。当日は防災行政無線により千代田区の了解を得た上で、企業防災隣組の関係者が丸ビル地下の滞留者に対して備蓄品のカーペット約700枚を配布。一部は新丸ビル滞留者にも配布された。ただ、このときは震度5強程度の揺れと全体に被害が少なかったこともあって、食糧の配布やマンホールトイレの組み立てなどの活動は行われなかった。実際に首都直下地震発生時にその真価が問われることになる。

2　西日本豪雨で70人の命を救ったタクシー会社

気象庁が平成30年7月豪雨と名付けた西日本豪雨。町の3分の1が水没した岡山県倉敷市真備町。以前は吉備郡真備町だった。2005年8月に倉敷市に編入合併され人口2万2970人・8715世帯、弥生遺跡もある歴史と文化の香るまちである。ここの町名は奈良時代の豪族であり学者としても著名な吉備真備《きびのまきび》公（695～775）に由来。吉備真備公は717年22歳で遣唐留学生として阿倍仲麻呂《あべのなかまろ》らと共に唐にわたる。帰路は船が難破し種子島に漂着するも多数の兵法書などの書籍、日時計、楽器などを持ち帰り天皇に献上。その後朝廷で重職を歴任し752年には再度唐にわたり阿倍仲麻呂などと再会するなど足掛け18年唐に滞在した。その後鑑真と共に屋久島～紀州太地に漂着帰朝。唐の文化を学び、輸入しその知識を政治・治世に反映させるとともに、軍事改革などにも携わった。父祖の地、備中国下道郡（倉敷市真備町）との結びつきは深く、右大臣と備中国下道郡大領を兼ねていた。

真備町は吉備真備の領地であり、倉敷市立箭田《やた》小学校校庭には今も吉備真備公の像が建っている。しかし、この豪雨災害で半身が水没。避難所である小学校も1階天井まで浸水。以下は真備町で日の丸タクシーを経営する平井社長の話。

~7月6日午後10時30分ごろ、記録的大雨で小田川支流の末政川が逆流し水位が急速に上昇、越水が始まり、しばらくすると自社の反対側の西側堤防が切れ、道路には滝のような濁流が流れていた。その時はまだこちら側は大丈夫だった。しかし、7日午前6時半くらいに今度は東側（こちら側）の堤防が決壊、一気に腰のあたりまで浸水。決壊前には県警のボートで低体温症の方が3人運ばれてきた。社屋に運び込み社員と一緒に毛布とかバスタオルをかぶせ、マッサージをし、応接間に暖房を入れたりして看病した。そのときはまだ電気も付いていていた。そのうち向かいにある美容院の人たちが怖いからと言って社屋に避難してきた。道路もまだ歩ける状態だったので周囲の住民たちも次々に日の丸タクシーに避難。日の丸タクシーは県道沿い有井交差点に面していて、2階建て社屋の地盤は周辺より少し高い。外階段から社員たちが住民たちを

2階に誘導、高齢者を畳の部屋に案内。また、近くの人たちにも「よかったらうちに避難してください」と声をかけた。濁流の水位がどんどん上がってきて、このままだと低い土地の住宅は2階まで水没すると思ったので、小学生から高齢者まで希望者全員を受け入れた。その結果、住民70人と県警や自衛隊員がボートで救助してきた人などを含め、**合計約100人が日の丸タクシーの社屋2階に避難し難を逃れた。社屋の1階は天井まで水没。その後8日の夜中までの約30時間、水も食料もなかったが社員たちと共に住民たちを励まし続けた。**〜

私が避難場所などでインタビューした時、有井地域の住民の中には「日の丸タクシーに避難させてもらわなければ、みんな死んでいた」と涙ながらに話す人もいた。

株式会社日の丸タクシーは47年前の創業で平井社長（47）は四代目。これまではインバウンド（訪日旅行）の大型バス需要などで順調に業績を伸ばしてきた。しかし、この豪雨災害で所有していたタクシー34台・バス11台のうち、**タクシー22台、大型観光バス11台が泥水に沈んだ。観光バスは1台約3000万円、タクシーも1台200万円以上。**会社が受けたダメージは極めて甚大である。そして社長の自宅も2階まで浸水し先代社長のお父さんは親戚に身を寄せている。平井社長は「今は一日一日を乗り越えるだけで精一杯だが、復興に向けてまちを活気づけていくためにも、住民が戻ってきたときの受け皿が必要になる。タクシー会社の使命として市民の足となることが第一。車両の手当てなど厳しい現実はあるが頑張っていくしかない」。そして**「車両は失ったが、皆さんの命はかけがえのないもの、多くの人々から感謝の言葉をもらったことが一番の誇り」**と話していた。水没する前に2階に上げた、平井社長の座右の銘の額には、次の言葉が書かれていた。

～事業は人なり
人材を育てたところが勝ち
人材をスカウトすることも一層大事
そのためには
自分の会社を魅力のある会社にすることである～

今、どこの企業も人手不足。とりわけタクシー会社は運転手不足にあえいでいる。がしかし、半年後に再度日の丸タクシーに伺ったら、復興が進まず仕

2018年西日本豪雨／日の丸タクシー社屋と平井社長

事が減って大変だが、豪雨災害の後、日の丸タクシーでは運転手が一人も辞めていないという。日の丸タクシーは住民、社員の隔てなく、人を大切にしている会社なのだと痛感した。

第11章

コミュニティを一からつくり直した村

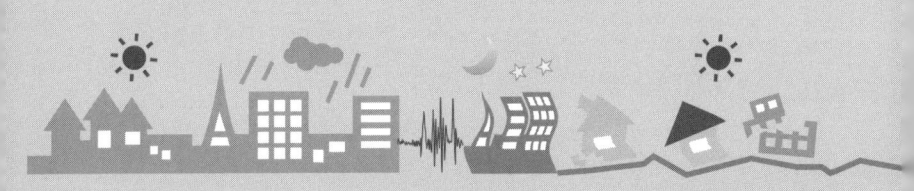

1　東洋のポンペイ「妻なき人の妻となり、主なき人の主となり」

～帰命頂礼《きみょうちょうらい》鎌原《かんばら》の　月の七日の念仏を　由来を委しく尋ぬれば　天明三年卯の年の四月初日となりければ　日本に名高き浅間山　俄かに鳴動初まりて　七月二日は鳴り強く　夫れより日増しに鳴りひびき　砂石をとばす　ついに八日の巳の刻に　天地も崩るるばかりにて　噴火と共に押し出し　吾妻川辺銚子まで　三十二ヶ村押通し　家数は五百三十余　人間一千三百余　村村あまたある中で　一のあわれは鎌原よ　人畜田畑家屋まで　皆泥海の下となり　牛馬の数を数うれば　一百六十五頭なり　人間数を数うれば　老若男女諸共に　四百七十七人が　十万億土へ誘われて　夫に別れ子に別れ　あやめもわからぬ死出の旅　残りの人数九十三　悲しみさけぶあわれさよ　観音堂にと集まりて　七日七夜のその間　呑まず食わずに泣きあかす　南無や大悲の観世音　助け給えと一心に　念じ上げたる甲斐ありて　結ぶ縁もつき果てず　**隣村有志の情けにて　妻なき人の妻となり　主なき人の主となり　細き煙を営みて**（後略）～

群馬県吾妻郡《あがつまぐん》嬬恋村《つまごいむら》の鎌原《かんばら》観音堂や多目的センターで月2回（7日と16日）開かれる女人念仏講。そこで詠い継がれる「浅間山噴火大和讃」の一節。この和讃は、明治初年に滝沢対吉氏が作詞、それを鎌原司郎氏が補正したもの。

長野県と群馬県の境に位置する浅間山（2542メートル）。天明3（1783）年の4月8日に噴火が始まると、その真北約25キロメートルにある関東随一の湯治場、草津温泉はそれまでにも増して一層にぎわう。浅間山から噴き出す噴煙が赤く夜空を焦がす。湯治客はそれをまるで花火見物のように見ていた。噴火は途中下火になるが、7月3日、4日になると一段と激しくなる。「軽井沢、碓井、坂本、安中、高崎、武州児玉郡・同榛沢郡など30余里には灰砂が2、3尺もつもり、とくに碓氷峠には5、6尺もつもったものだから人馬の通行ができなくなったので、上り下りとも大名行列は中山道をさけて甲州街道を通るようになった」。**「軽井沢では前日の大爆発で灰・軽石が4、5尺つもり、道路と上水用の水路が完全に埋まった。宿総出で用水路の掘り浚えを始めたが、後から後から焼石、焼灰が降ってくるため用水確保は徒労に終わる。**7月8日（新暦8月5日）になると山はますます荒れ狂い、**人々はついに家・家財を捨てて逃げ出したが、まず24、25歳の男が真っ赤に焼けた火石の直撃で即死。村の大部分の者は夜具・布団・鍋釜などを頭にかぶって逃げ出したが重いのと火石が落ちると燃えだすので途中みんな投げ出して逃げた。**宿屋などで使う足洗桶は手ごろな大きさでしかも頑丈にできているというので、それを頭にかぶって走り出したものが多かったが、火玉や焼石などが直撃すると、ポカンと底が抜けて頭を打たれるので役に立たない。噴火が終わるまで、軽井沢では1・2メートルほどの灰・軽石が堆積。直径50センチメートルほどの焼けた石が降って、あちこちで火災が発生。火災で焼けたものが52戸、降り積もった灰や軽石の重みで82戸が潰れた」(浅間山大変記)。

そんな中、**鎌原村の人々はついに運命の7月8日を迎える。**「この日は天気もことのほかよく、焼灰降下の用心だけをして、各人土蔵に諸道具を入れ、自らも蔵に入って昼寝などしていた」(無量院住職手記)。午前10時半ごろ、火口から約4キロメートル、標高差1100メートル下った鎌原村へ、毎秒100〜150メートルの速さで火砕流が襲う。途中の土砂・岩石などを巻き込み鎌原を通り抜け、村の北側を流れる吾妻川になだれ込んだ。**鎌原村の93軒の家はすべて埋まった。**厚いところで約10メートル、薄いところでも2・3メートルに及ぶ火砕流と土砂石に覆いつくされた。当時の**村民597人のうち、466人(78・2%)が死亡。生き残ったのは131人。馬は200頭のうち170頭が死んだ。**生き残った人は当日他出していた者と、観音堂をはじめ火砕流の襲撃を免れた小高い場所に逃げ上ったものたちだけ。そのほか長野原210人、川島128人、南牧104人などの周辺地域でも多数の犠牲者が出た。流下した土石流は吾妻川に流れ込み、川にできたせき止めダムが後に決壊。大洪水を起こしながら流域の村々を押し流した。この噴火災害によって1490人が犠牲になる。

鎌原村で難を逃れ生き残ったのは131人。そのうち38人は他所に奉公するなど言って村を出て行った。あとに残った93人は、土砂に埋まってまるで賽の河原になった鎌原村跡で村を復旧することを決意。村の復旧には**隣接する大笹村の黒岩長左衛門、干俣村の干川小兵衛、大戸村の安左衛門の3人の長者からひとかたならぬ援助があった。長者3人は村人を引き取り養い、事態が落ち着いた7月23日、埋まった旧鎌原村の上に小屋を2軒建てて全員を収容。麦・粟・稗などを与えて食をつないだ。やがて幕府からの援助が届くようになって本格的に復旧に取り掛かる。**このとき、まず問題になったのは最小コミュニティである家（家族）をどうやって組み立てるかだった。当時は夫婦子どもを柱とする家があって村が成り立っていた。それが「浅間押し」によってコミュニティはずたずたに破壊されてしまった。しかし、家（家族）という核をつくらなければ村というコミュニティもつくれない。

このとき、見分役として幕府から派遣されていた勘定吟味役 根岸九郎左衛門は「この小屋では、はじめは百姓の家筋素性をきびしく吟味し、たとえ当時は裕福でも、もとの家格が低いものは座敷にあげず、相互間でもまた格式に応じた挨拶をさせていたが、**このよ**

うな大事のなかを生き残ったのだから、93人の者は身分格式のへだてのない骨肉の一族だと思うべき」と述べ、一同親族の交わりを約諾させる。浅間山大和讃に「隣村有志の情けにて、妻なき人の妻となり、主なき人の主となり、細き煙を営みて」とあるように、夫を失った女には、女房を流された男を。子どもを失った親には、親を失った子どもを組み合わせて新しい家族をつくらせ、それを軸に村の復旧が進められた。幕府から派遣された根岸九郎左衛門という人は能吏で、4年後には勘定奉行に栄進し、寛政改革の実務責任者として敏腕をふるい、後に南町奉行に就任。その九郎左衛門が幕府に提出した報告書によると、鎌原村を覆ったものを「泥砂火石入り」と書いている。主体は土砂でその中に噴石が混じった堆積物だったという。昭和の発掘調査でそれが証明される。

2　石段に現れた2人の女性

鎌原村全体が丸ごと大噴火に呑み込まれたことから、東洋のポンペイとも呼ばれ、1979年から発掘調査が始まる。出土品や当時の様子、絵図などが観音堂に隣接する嬬恋郷土資料館に展示。大噴火から196年経た1979年8月、観音堂周辺の発掘調査が行われた。この観音堂は村落の西側、現在浅間白根火山ルートの走る丘陵東斜面の中腹にあり、村より一段高い場所にある。観音堂にお参りするには石段を登ることになる。村人の伝承では浅間押しで埋まる前は石段が120段〜150段あったと伝えられてきた。発掘調査の目的は石段が何段だったのかの確認だけではなかった。いまひとつ隠された目的があった。観音堂の石段は、現在15段だけ地表に出ているが、その登り口の斜面に建てられた立て札には「天明の生死をわかつ十五段」と書かれていた。火砕流に襲われた時、この階段を駆け上ったものだけが助かったという言い伝えがあり、人々は我先に観音堂の石段めがけて駆けつけたはず。無事駆け上がったものもいれば、今一歩というところで火砕流に呑み込まれた悲運の者もいたのではと思われていた。つまり、階段周辺を発掘すれば、どこかに悲運の村人が眠っているというかすかな期待が込められた発掘。石段付近を掘り進むと、摩滅して今にも崩れそうな地上の石段15段の下にはほとんど真新しい立派な石段が姿を現した。

Mさん（88）は、当時県立前橋第二高校教諭でこの発掘調査に参加していた。埋まっていた石段の48段目を掘り進んだとき、土の中の髪の毛に気付いた。**慎重に土を取り除いていくとほとんど白骨化した遺体が現れる。皮膚や目の一部も残っていた。「悲しそうな顔をしていた」。**遺体の上にもう1人の遺体が折り重なっていた。のちに群馬大学で検証した結果、壮年の女性が高齢の女性を背負っていたものと判明。群馬大学法医学教室の古川教授により復顔されたところ、2人とも美人で似た顔立ちであることから母親か年の離れた姉妹と思われた。**親族を背負い必死に観音堂の石段を駆け上がろうとした瞬間、背後からの土石流に呑まれたものか。「もし、高齢女性にかまわず逃げていれば、若い女性は助かったかもしれない」「せめて、最後くらいは観音堂に上がらせてあげたい」**地元の人たちの強い思いを受け、ご遺体は丁重に棺に納められ、観音堂で葬儀が営まれた。

鎌原観音堂下の階段で発見された
2人の女性（提供：嬬恋郷土資料館）

噴火災害でコミュニティが破壊されると、生き残った住民たちは避難した地域の先々で新しいまちを再建するのが一般的。だが、**鎌原地区の住民たちは同じ場所に村を再建する困難な道を選んだ。何もかも失った人たちは、父祖の地を捨てず幕府や周囲の人たちに助けられ、一歩一歩村を再興していく。**鎌原地区では、災害記憶の風化を防ごうと「浅間山噴火大和讃」がつくられた。和讃というのは仏教の教えや祈りなどを歌にしたもの。春の彼岸の入りには身護団子《みごだんご》をお供えした後にお堂で浅間山噴火大和讃と念仏をあげる。身護団子を作るのは、和讃に「妻なき人の妻になり、主なき人の主になり……」と歌詞にあるが、**当時は結婚式を挙げるのに何も無いので、取りなしとして味噌をつけた団子を近隣地域の方がもってきて祝ってくれた。これが村人たちの身を護ることにつながったということで、以来身護団子と呼ぶようになる。束ねた団子の上に人の形をした団子を最後に付けて仕上げる。それを彼岸の期間中、観音堂の須弥壇《しゅみだん》に供えている。**

江戸末期（1770年代）、東北地方では長く悪天候や冷害が続き農作物の収穫が激減。農村部を中心として広い地域が極度の疲弊状態にあった。そんな中、1783年4月13日(天明3年3月12日)に岩木山（青森県）が噴火、さらに7月6日～8日に浅間山が大爆発。それによって各地に大量の火山灰が降った。噴煙と共に上空高く舞い上がった微細な噴火灰が成層圏に長く漂い、太陽の光を遮り日射量低下をもたらした。それは国内にとどまらず、地球を覆う気流に乗った灰によって世界中の冷害が長期に及ぶことになる。農作物は壊滅的被害を受け、深刻な天明の大飢饉を引き起こす。飢餓と共に疫病も蔓延し、東北地方を中心に数年間に全国で約200万人以上とも言われる犠牲者を出す。上州や信州をはじめ、各地で一揆・打ち毀しが群発。打ち毀しは江戸だけでも8000軒以上の商家が襲われ、無法状態が3日間以上続いた。その3年後、飛ぶ鳥を落とす勢いで権勢を誇った老中田沼意次《たぬまおきつぐ》が没落。失脚の主な原因は浅間山噴火後の社会混乱によるものと言われている。また、その翌年のフランス革命（１７８９年）も、数年前からの冷害凶作による社会不安が要因とされる。**浅間山大噴火は、田沼意次を失脚させ、ルイ16世と共にマリー・アントワネットを断頭台の露とした。**

3　２３３年目の感謝と義援金

鎌原観音堂に隣接する嬬恋村郷土資料館。２０１６年4月、その入り口に募金箱が設置され「熊本地震義援金のお願い」の張り紙が貼られた。そこには「私たちの住む鎌原は、今から２３３年前の天明３年（１７８３）に、浅間山噴火による土石なだれで、鎌原はすべて押し流されたり、埋もれたりしました。唯一残った建物は鎌原観音堂です。生死を分けた15段を駆け上がって助かり、村に残ったのは93名でした。食べ物もなく、家もない悲惨な状況の中で、命をつなぎ、鎌原を復興してきました。93名の祖先が、それができたのは、いろいろな方々の支えがあったからです。**復興には幕府による「御救い普請」があったといわれますが、実際には、熊本藩の領民による力強い支えがあったのです。**甚大な被害を被った集落、耕地、道路、用水の堆積物を取り除いたり、大掛かりな土木工事をしたりしなければなりませんでした。**その総工費は莫大な額になりました。その大半を負担してくれたのが、熊本のみなさんだったのです。**そのおかげで今の鎌原区を作り上げることができたのです。熊本のみなさんのご恩を忘れることはできません。**今、熊本の皆様は、地震に怯え、ライフラインも寸断され厳しい生活を強いられています。**（以下義援金のお願いが続く）」

徳川幕府は、元禄末期以降、城普請をはじめ自然災害の復旧作業にも「御手伝い普請」といって諸大名の力を借りるようになっていた。天明3年浅間山大噴火では鎌原村をはじめとして吾妻川流域から利根川合流地域にわたる広い範囲で深刻な降灰被害が出ていた。このときはまず、幕府自ら復旧工事に取り掛かっておいて、その間に御手伝い大名を選定するという方策を取った。御手伝いを命じられたのは肥後54万石の熊本藩。命ぜられたのは噴火から4か月後のこと。工事に携わるというより工事費用を拠出させるもの。熊本藩は幕府がすでに支出していた6万9200両の肩代わりを含め、合計9万6900両を支出。熊本藩はこのうち1万両は藩の御用達の商人から借り入れ、残り8万6932両のうち1万3000両を大阪の蔵屋敷から、あとの7万3932両は国元から支出することになった。しかし、当時の熊本藩は財政が厳しく藩庫から出す余裕がなかった。

そこで熊本藩は領内の村々に割り掛けることにする。しかし、村々でもそれを引き受ける力がないと判明。**結局「寸志制度」を取ることになる。**「寸志制度」とは、熊本藩が財政立て直しのために苦肉の策として編み出した資金調達手段。同藩の「金納郷士」制度に関わる方式で、200目で傘御免、500目で傘小脇指、1000目で礼服傘小脇指、1500目で無苗御惣庄屋触など、**献金額に応じ百姓、町人ら庶民に一定の身分待遇を与えるというもの。それが郷士身分にも連なるため「金納郷士制度」とも呼ばれた。**この浅間噴火御手伝い普請のため、資金調達に応じ多額の寸志金を出し、金納郷士の身分を得たものは53人に上ると言われる。熊本藩は総額約10万両、当時の1両は現在の10〜13万円ほど。現代の価値観だと総額約100億円を拠出したことになる。幕府が熊本藩に支援を命じたのは阿蘇山（火山）があるからという説と、当時の熊本藩は藩主となった細川重賢《しげかた》という名君により、破たん状態だった財政再建に成功した後だったからとも言われる。いずれにしても、**天明浅間山大噴火は熊本藩に多大の経済負担をかけ、多数の金納郷士を生み出した。**

そして、熊本藩はその9年後の寛政4（1792）年に起きた「長崎大変肥後迷惑」と言われる雲仙岳の火山性地震及びその後の眉山山体崩壊による大津波襲来を受け、熊本藩内だけでも約5000人もの犠牲者を出す大惨事に見舞われる。しかし、この時幕府による資金援助はなく、お手伝いもなかったため、熊本藩はまたもや財政危機に陥ってしま

う。

鎌原地区は小さなまちだが、233年前の恩を代々胸に刻み語り継いできた。その恩を返すのはこのときと、熊本地震発災後、数度にわたって義援金を送っている。鎌原観音堂に集まる人たちは、村の復興後、日本国内だけでなく、大災害が報じられると義援金を送っている。例えばチリ地震津波（1960年）、インドネシア・アチェ津波（2004年）などなど、東日本大震災のときには緊急に水を集めて名取市などに届けている、観音堂の内部には各地への義援金に対する日本赤十字社からの感謝状が多数掲示されている。

「恩送り」という言葉がある。助けてくれた人や親切にしてくれた当人にその恩を返そうと思っても、すぐに適切な方法が見つからない場合、第三者へと恩を返す（送る）という意味だ。それによって社会に人助けや親切の連鎖が広がる。鎌原の人たちは、先祖が受けた恩を片時も忘れず、今も「恩送り」を続けている。

第12章

名君のコミュニティづくり

1　ケネディ大統領が尊敬した日本人

防災の基本は「自助」「共助」「公助」の三助と言われてきた。その三助の原点は、江戸時代に名君とうたわれた上杉鷹山《ようざん》公の「三助の実践」から始まる。鷹山公といえば、43歳で第35代米国大統領になったジョン・F・ケネディのエピソードが良く知られている。就任の際、日本の新聞記者の「あなたが尊敬する政治家は？」の質問に、**ケネディ大統領は「私が尊敬する日本人は、ウエスギヨウザン」と即答。**居合わせた日本人記者で鷹山公を知っていたものはほとんどおらず「ヨウザンって誰？」と聞きあったと伝えられる。

鷹山公は、日向（現・九州宮崎県）高鍋３万石城主、秋月家の二男として生まれる（１７５１年）。わずか9歳にして九州から東北の米澤藩主上杉重定の養子となり、幼名上杉直丸克興、元服して治憲、隠居後は鷹山と名乗る（以下「鷹山公」）。上杉家は初代上杉謙信のころは越後地方で約２００万石を超える裕福な家だった。しかし、二代景勝のときに豊臣秀吉によって会津（福島県）１２０万石に移封され、さらに関ヶ原の合戦で西軍の石田方に与し徳川方に敵対したため、家康により会津１２０万石から一気に米沢30万石に減封され外様大名となった。その上、４代から5代藩主の跡継ぎをめぐる手続きに不備があり、危うく家名断絶は免れたものの、石高は15万石に減封。収入が8分の1に減ったにもかかわらず、その後**3代にわたり120万石当時の格式を踏襲したため、米沢藩の財政は急激にひっ迫。不足分を借金で賄ったため藩の借金は11万両にも達し、収入を増やそうと重税を課したため逃亡する領民が後を絶たず、武士たちも困窮の極に達していた。**しかし、それでも当時の日本は経済成長期にあったので何とかしのいでいられた。しかし、鷹山公が家督を継ぐころには経済は失速し低成長期に陥っていた。不況下で破綻財政を抱えた米沢藩の第9代藩主となったのが鷹山公（17）。領民が逃亡する藩を引き受ける藩主としての覚悟を**「受け継ぎて 国の司の身となれば 忘るまじきは民の父母」**（自分の主な仕事は、父母が子を思い養うごとく領民に尽くすことである）と吐露。以来徹底した倹約、新田開発、産業振興などを精力的に進めていく。そんな中で鷹山公が示した「三助の実践」が次のようなもの。

一、自助＝自らを助ける
一、互助＝近隣社会が互いに助け合う
一、扶助＝藩政府が手を貸す

「自助」の実現を図るために鷹山公は米作以外の殖産を興すことを積極的に勧める。寒冷地に適した漆《うるし》、楮《こうぞ》、桑、紅花《べにばな》などの栽培を奨励。藩士たちにも自宅の庭でこれらの作物栽培を命じる。藩士たちの反発は強かったが、鷹山公自ら率先して城中にて栽培して範を示した。**合戦のない平和な世となった以上、武士も農民の年貢に徒食するのではなく「自助」の精神で生産に加わるべしと鷹山公自ら身をもって教えた。**やがて鷹山公の改革に共鳴した下級武士たちの中からは、自ら率先して荒地を開墾し新田開発に積極的に取り組む者も出てくる。家臣の妻子も養蚕や機織りに励むなど、それぞれが生産する喜びを覚えていく。

2 美政・弱者救済

米沢城外に架かる福田橋は、老朽化の傷みがひどく大修理が必要だった。しかし、財政ひっ迫のため藩では修理費が出せず、ずっと放置されていた。ある日突然、20～30人の侍たちがもろ肌脱ぎになってその福田橋の修理を始める。彼らは藩政の立て直しに努力する鷹山公が、近く参勤交代で江戸から帰ってくると知った藩士たち。**橋がこのままでは農民や町人が不便だろうと藩主が心を痛めていると聞き、自分たちで橋を直そうと下級武士たちが立ち上がった。**「侍のくせに人夫の真似までするとは」とせせら笑う同僚同輩の声を無視して侍たちは作業に打ち込み、見事に橋を修理してしまう。**江戸から帰ってきた鷹山**

公は、修理された橋とそこに集まっていた藩士たちの前で馬を下りる。そして「とうてい馬に乗っては渡れぬ」と言って、修理された橋を歩いて渡った。藩士たちの感激は頂点に達した。鷹山公は藩士たちが自助だけでなく、率先して農民や町人のためにという「互助の精神」を実践したことを何よりも喜んだ。

その互助の実践として、**農民には五什組合、五ケ村組合をつくらせ、互いに助け合うことを命じる。特に孤児、独居老人、障害者、寡婦は五人組・十人組の中で弱者を救済し養うようにさせた。さらに一村が火災や水害などの大災害に遭遇したときは近隣四村が救援することを定める。**従来、貧しい農村では働けない年寄りは厄介者として肩身の狭い思いをしていた。そこで、鷹山公はお年寄りたちに小さな川、池、沼の多い米沢の地形を利用した錦鯉養殖を奨励。錦鯉がそれほど売れるはずがないという上級武士の嘲笑は長く続かなかった。時は権勢を誇る老中田沼意次の時代。田沼は大っぴらに賄賂を受け付け、田沼の好きな錦鯉は全国的に品不足に陥ったと言われる。そこで評判になったのが北国の澄んだ水で育てられた色鮮やかな錦鯉。評判が評判を呼び、米沢の錦鯉は江戸でも高値で飛ぶように売れ、収入は倍増し老人たち自らが稼ぎ手として生きがいを持つようになる。

さらに鷹山公は90歳以上の老人をしばしば城中に招いて、料理と金品を振る舞った。子や孫が付き添って世話をすることで、自然に老人を敬う気風を育てた。先代藩主重定の古希の祝いには、領内70歳以上の者738名に酒樽を与えた。その31年後、鷹山公自身の古希の際は、70歳以上が6倍の4560人に増えていた。

こうした米沢藩の「扶助」、今でいう公助は天明の大飢饉の際に真価を発揮する。天明2（1782）年、長雨が春から始まって冷夏となる。翌年1783年に岩木山や浅間山大噴火もあり、冷夏や日照不足の天候が続いた。米作は平年の2割程度に落ち込んでしまう。そのとき、鷹山公は次の命令を発する。

・藩士、領民の区別なく一日当たり男米三合、女二合五勺の割合で支給し粥として食べさせる（飢饉を見越し、平時から鷹山公は備蓄米を蓄えていた）。

・酒、酢、豆腐、菓子類などの穀物を原料とする物品の製造禁止。

・比較的被害の少ない酒田、越後からの米の買い入れを実施。

鷹山公も自らの三度の食事を粥としたため、富裕なものも見習い、貧しいものを競って助けた。**当時300藩ある中で、天明の大飢饉で領民を助けられる備蓄があったのは紀州（56万石）、水戸（35万石）、熊本（52万石）、米沢（15万石）の4藩だけであった。**米沢藩に隣接する盛岡藩では人口の約2割に当たる7万人、人口の多い仙台藩にいたっては、約30万人の餓死・病死者が出たというが、米沢藩では餓死者を1人も出さなかった。それだけでなく、鷹山公は苦しい中でも、他藩からの難民に対し藩内領民同様の保護を命じている。江戸にも、飢えた民が押し寄せたが、幕府の調べで米沢藩出身者は1人もいなかった。

○米沢藩が餓死者を出さなかった要因（鷹山公が行った政策）

① 貧しい家臣や農民に対する賃金や救米などの救済措置があったこと。

② 備荒貯蓄（家臣たちへ貸し出したお金は年利5分の20年返済とし、藩の倉へ毎年利息分の籾《もみ》5000俵を蓄え、20年で15万俵以上備蓄。備籾倉《そなえもみぐら》の増設や新田の開発が進められ、天明以降も米沢藩では餓死者を出さなかった。備荒貯蓄《びこう》とは、凶作・飢饉に備え、米穀・金銭を貯蔵すること。古来、義倉・社倉・常平倉などが設けられ、江戸時代の囲米・囲籾も備荒用の性格が濃かった）

③ 「かてもの」発行―約80種の草木について、その食べ方を絵付きで詳細に具体的に述べた本を発行配布（餓死者の多くは、食糧不足により普段口にしない草やキノコを食べ、食中毒となるケースが多かった。それらを防ぐのにこの本は大いに手助けとなる。絵付きで書くことにより、字が読めない人々にも理解できた。天保の大飢饉でも、藩主自らが行い、これを見た藩士や領民が実践することにより、餓死者を出すことはなかった。また、昭和16年には市登坂又蔵氏が現在の活字体に直して印刷し、市民に頒布している）。

米沢藩では病人や障害者は近隣で面倒を見、老人を敬い、飢饉では富裕なものが競って、貧しいものを助けた。鷹山公の自助・互助・扶助の「三助の実践」が、物質的にも精神的にも美しく豊かなコミュニティを作り出した。こうした米沢藩の業績は認められ「美政である」として幕府から3度表彰を受けている。

3 五什組合と五ケ村組合

鷹山公は三助の実践で特に「互助」を奨励した。鷹山公は愛民政治だからといって民を甘やかすことはせず、藩政府の「扶助」の前に自分たちのまちは自分たちが守り、助け合う互助を優先すべきとしている。基本は自己責任と地域の連帯・助け合いが基軸。互助とは農民相互の扶助組織であり近隣5軒を五人組として近くの者同士相互に助け合い、五人組（戸主だけを数える、以下同じ）を10組まとめた十人組で共助を図り、さらに村全体が共同体として苦楽を共にせよとするもの。鷹山公は享和2（1802）年2月、「五什組合・五ケ村組合」について次のように定めている。

一、五人組は同一家族のように常に親しみ、喜怒哀楽を共にしなければならない。
二、十人組は親類のように、互いに行き来して家事に携わらなければならない。

三、同一村の者は、友人のように助け合い、世話をしなければならない。
四、五ケ村組合の者は、真の隣人同士がお互いにどんな場合にも助け合うように、困った時は助け合わなければならない。
五、互いに怠らずに親切を尽くせ、もしも年老いて子のない者、幼くて親のない者、貧しくて養子の取れない者、配偶者を亡くした者、体が不自由で自活のできない者、病気で暮らしが成り立たない者、高齢一人暮らしの者、死んだのに埋葬できない者、火事にあい雨露をしのぐことができなくなった者、あるいは他の災難で家族が困っている者、このような頼りのない者は、五人組が引き受けて身内として世話をしなければならない。五人組の力が足りない場合には、十人組が力を貸し与えなくてはならない。もしも、それでも足りない場合には、村で困難を取り除き、暮らしの成り立つようにすべきである。もしも一村が災害で成り立たない危機に陥ったならば、隣村は、なんの援助も差し伸べず傍観していてよいはずがない。五ケ村組合の四ケ村は、喜んで救済に応じなければならない。
六、善を勧め、悪を戒め、倹約を推進し、贅沢をつつしみ、そうして天職に精励させることが、組合をつくらせる目的である。田畑の手入れを怠り、商売を捨てて別の仕事に走る者、歌舞、演劇、酒宴をはじめ、他の遊興にふける者があれば、まず五人組が注意を与え、ついで十人組が注意を与え、それでも手に負えないときは、ひそかに役人に訴えて、相応の処分を受けさせなければならない。

内村鑑三（1861～1930）は1908年に書いた英文の著書『代表的日本人』の中で、この五什組合のことを「多分の官僚主義は以上のどこにも存在しない。それのみならず私はかつての鷹山の米沢領以外、地球の他のいかなる部分に於いても、これに類したものの公布され、それの実行に移されたるを見たことがないと断言する」と激賞している。

鷹山公はほかにも老人、病人、妊婦、寡婦などの社会的弱者への優しい気配りを示している。当時は医者があまりにも少ない時代。病気になっても医者にかかることができないものが多かった。鷹山公は江戸や京都から医者を招へいし、藩内各地に官選の医者を配置するため医者に宅地を与えるなど優遇措置をもって遇している。これにより多くの命が助かったと言われる。特に**この時代は貧しさゆえに産んでも育てられないと、妊娠後の間引き（堕胎）が日常化していた。鷹山公はこうした非人道的な間引きに心を痛め、財務担当者などと熟慮と協議を重ねて何とかやり繰りし、6000両の育児資金をひねり出し、出産しても子どもを育てられない窮民にこれを与えた。その後30年間にわたり窮民支援に**

努力した結果、遂に米沢藩は間引き（堕胎）根絶に成功する。

当時、生活苦のため働けなくなった老人は「口減らし」のため、野山に捨てられる「姥捨て」もしばしば発生。鷹山公はこの忌まわしき悪習根絶のため、次なる方策を講じる。90歳以上のものは亡くなるまで食べていけるようにと今でいう老齢年金を与え、70歳以上のものは村で責任をもっていたわり世話をすることを決めた。そして鷹山公自ら老人をいたわる孝子を褒章するとともに、毎年老人を城中に招き馳走するなど自ら敬老を実践して見せた。現在でいうセーフティネットが効を奏し、米沢藩では人を大切にするようになっていく。「貧し家や困窮している人は藩が助けてくれるようになった。藩が変わった」という地元の声が米沢を離れた遠国まで伝わり、逃げた領民たちが徐々に戻ってくるようになる。

不可能と言われた藩の財政立て直しに成功したのは、鷹山公の不退転の覚悟と死力を尽くしたことによるもの。その根底にあったものは「民の父母たる」為政者としての覚悟と責任感、そして民への限りない愛情と真心。財政立て直しも苛烈な増税に走るのではなく、江戸藩邸の年間経費を従来の１０５０両から２０９両へと藩政府自らから身を削る倹約を実践。さらに日常の食事は一汁一菜、衣服は綿衣、50人いた奥女中を９人に減らすなど、質素倹約の範を自ら実践したことによる。

厳しい取り立てをして農民泣かせの代官の世襲制度を撤廃、家柄よりも優れた人物を登用した。こうした鷹山公の改革を否定し抵抗した7人の重臣を、藩士の意見を聞いた上で3日後には7人すべてを切腹、閉門、減知など火を吐く勢いで断固処断。鷹山公は改革に情熱を傾けただけでなく、藩内12の地方に「郷村教導出役」という役人を置き、彼らに次のような任務を与える。

一、天道を敬うことを教える事
一、父母への孝行を教える事
一、家内睦まじく親類相親しむことを教える事
一、頼りなき者をいたわって渡世させる事
一、民の害を除き民の潤益をとり行う事
一、上に立ち百姓を取扱う諸役人の邪正に注意する事
一、往来の病人をいたわる事

郷村教導出役の任務はひとつに農民の生活を守ることであり、いまひとつは農民に人の道を教え人倫を正しく示し歩ませることであった。鷹山公に愛民の心があればこそ、倹約を奨励するだけでなく、ぬくもりのある民度向上を図り、助け合い支え合える住みやすい町づくりの仕組みができた。**きれいごとや言葉だけの政治ではなく、有言実行を実践した**

鷹山公こそ日本が生んだ古今不世出の政治家。封建時代にありながら、これほどヒューマニズムに徹し、愛民政治を実践したリーダーはほかにいない。文政5（1822）年4月2日、鷹山公は72歳の生涯を閉じた。このとき、藩内あげて実の父母、祖父母を失ったかのように、階層を問わず人々は嘆き悲しんだ。「悲嘆の声は山野に満ち溢れ筆舌に尽くし難し」と伝えられている。葬儀の日には数万人もの会葬者が路にあふれた。こうべを垂れ、公の死を惜しむ声が誰からも聞かれた。鷹山公の五什組合は、今で言うセーフティネットかもしれない。いやそれよりもっと深い人の道を具現化した仕組みであり、互近助につながる人類共通・永遠のモラル。モラルはお互いが相手に対する深い敬愛の念があってこそ成り立つことを私たちに教えてくれた。

私たちに今できることは、公助だけに頼らず、鷹山公に学び隣保共助の実践「互近助の力」を結集し活かし、末端から国を変えていくことではないだろうか。最後に鷹山公の名言。「為せば成る、為さぬば成らぬ何事も、成らぬは人の為さぬなりけり」。

あとがきにかえて

家族、友人、恋人、知人、隣人は、ただ存在していてくれるだけでも価値がある。何ができるか何をしてくれるかではなく、存在そのものがありがたい。例えば、90歳の寝たきりの祖母は、社会や家族に対して、表面的には何もできなくても、それまでに与えてくれた深い温情への感謝だけでなく、そこに存在していてくれるだけで心の支えとなる。生きていてくれるだけでいい。祖母が亡くなったとき、それを初めて実感した。家族、友人、恋人が亡くなったときのことを想像すると、その存在の大きさがわかる。このように身近な人ほど存在してくれていることに感謝したくなる。一方、隣人の場合はどうだろう。いい隣人であればその存在価値が感じられるが、面倒な隣人だといないほうがいいと思うときがあるかもしれない。その気持ちはわからなくはない。しかし、**その隣人にも家族、友人、知人、恋人がいる。彼ら彼女らからすれば、その隣人の存在は自分が自分の家族たちに感じるのと同じ存在価値がある。**だから、誰でもが存在しているだけで価値があるのだ。

人はどこかのコミュニティに所属している。そして、国、地域、職場、学校というコミュニティは、自分や家族たちだけでは成り立たない。隣人やそのまた隣人、友人、知人たちがいて成り立っている。だからこそ**面倒だからといって排除するのではなく、存在に感謝し包摂《ほうせつ》の論理と寛容の精神で対応。**それでも、苦手な人や面倒な人もいる。それをすべて受け入れるのは難しい。その場合も礼節を忘れず、ほどよい距離を保つのが肝要。どれほど科学文明が進んでも、人は人に支えられていることに変わりはない。家族や隣人がいて自分がいる。

普段からほどよい距離感で仲良くし、いざというときは互いに助け合う「互近助」になる。それがコミュニティであり自分の居場所。心地よい居場所をつくるためには、無視するのではなく隣人と仲良くする勇気が必要。そして、心地よい居場所をつくってほしい。

町内会や自主防災組織でみんなが集まったときに歌う歌が欲しいと言われ、作った歌がある。私が作詞し友人の作曲家山崎一稔氏に作編曲してもらった「互近助さんの歌♪」。

互近助さんの歌♪

作　詞　山村　武彦
作編曲　山崎　一稔

1．お隣さん　お向かいさん　向こう三軒両隣
みんな　大事な　互近助さん

地震　かみなり　火事に　泥棒
いざとなったら　声かけ合って
互いに　近くで　助け合う
互近助さん（互近助さん）　互近助さん（互近助さん）
きょうも　よろしく　ありがとさん

2. ご町内　隣町　そのまた隣の隣町
ちょっと　離れた　互近助さん
困ったときに　遠慮は無用
いざとなったら　声かけ合って
互いに　近くで助け合う
互近助さん（互近助さん）　互近助さん（互近助さん）
あしたも　よろしく　ありがとさん

3. 近い国　遠い国　文化　宗教　違う国
丸い地球の　互近助さん
話す言葉は　違っていても
心は　おんなじ　手を取り合って

世界の　みんなが　支え合う
互近助さん（互近助さん）　互近助さん（互近助さん）
ほんとに　ほんとに　ありがとさん
ほんとに　ほんとに　ありがとさん

末筆ながら、本書をお買い上げいただいたあなたに心より敬意と感謝を申し上げます。
そして、本書発行に際し、株式会社ぎょうせいの皆様に大変お世話になりました。この場をお借りして御礼申し上げます。さらにすべてのコミュニティ、すべての人、すべての存在に申し上げます。「ありがとうございます」。

令和元年

山村　武彦

●引用・参考にさせていただいた書籍・ウェブサイト等

（敬称略・順不同）

・「ご近所トラブルに関する実態調査」（日本法規情報）
https://prtimes.jp/main/html/rd/p/000000107.000006827.html
・『影響力の正体』ロバート・B・チャルディーニ著／岩田佳代子訳（SBクリエイティブ）
・『生きるために大切なこと』アルフレッド・アドラー著／桜田直美翻訳（方丈社）
・『人間知の心理学』アルフレッド・アドラー著／岸見一郎訳（アルテ）
・『方丈記・現代語訳付き』簗瀬一雄訳注（角川ソフィア文庫）
・『方丈記私記』堀田善衞著（ちくま文庫）
・「避難行動要支援者名簿の作成に係る取り組み状況の調査結果」（総務省・消防庁）
https://www.fdma.go.jp/pressrelease/houdou/assets/301105_houdou_1.pdf
・「主題図（地理調査）」（国土交通省国土地理院）
http://www.gsi.go.jp/kikaku/
・『脳内麻薬・人間を支配する快楽物質ドーパミンの正体』中野信子著（幻冬舎）
・『ヒトは「いじめ」をやめられない』中野信子著（小学館）

・「平成30年7月豪雨における課題・実態」（中央防災会議）
http://www.bousai.go.jp/fusuigai/suigai_dosyaworking/pdf/dai2kai/sankosiryo3.pdf
・「平成30年北海道胆振東部地震・緊迫の119通報記録公開」（ＨＢＣテレビ）
YouTube（tps://www.youtube.com/watch?v=q_5UPrkL_Es）
・「コレクティブ・インパクト最前線。製薬会社×行政×ＮＰＯによる予防医療への挑戦。」（東北オープンアカデミー）
https://open-academy.jp/fieldwork/onagawa_rebalance/
・「地球温暖化の原因と予測」（全国地球温暖化防止活動推進センター）
https://www.jccca.org/global_warming/knowledge/kno02.html
・『代表的日本人』内村鑑三著／鈴木範久訳（岩波書店）
・「「五保制度」中国農村における公的扶助制度」松久保博章（海外社会保障研究）
・「平成23年東日本大震災における避難行動等に関する面接調査（住民）分析結果」（内閣府）
http://www.bousai.go.jp/kaigirep/chousakai/tohokukyokun/7/pdf/1.pdf
・『蘇る被災鉄道・東日本大震災を乗り越えて』大澤賢著（東京新聞）
・『天明三年浅間大噴火』大石慎三郎著（角川書店）
・『「青春」という名の詩』宇野収・作山宗久著（産業能率大学出版部）

・『近助の精神・近くの人が近くの人を助ける防災隣組』山村武彦著（きんざい）
・『目からウロコの防災新常識』山村武彦著（ぎょうせい）
・『スマート防災』山村武彦著（ぎょうせい）
・『新・人は皆「自分だけは死なない」と思っている』山村武彦著（宝島社）

◆著者略歴

山村 武彦（やまむら・たけひこ）

１９４３年、東京都出身。新潟地震（１９６４年）でのボランティア活動を契機に、同年、防災・危機管理のシンクタンク「防災システム研究所」を設立。以来50年以上にわたり、世界２５０か所以上で現地調査を実施。日本各地での防災講演は２５００回を超え、その他にもテレビ解説や執筆などを通じ、防災意識の啓発に取り組む。また、多くの企業や自治体の防災アドバイザー（顧問）を歴任し、ＢＣＰ（事業継続計画）マニュアルや防災・危機管理マニュアルの策定など、災害に強い企業、社会、街づくりに携わる。実践的防災・危機管理の第一人者、防災・危機管理アドバイザー。現在、防災システム研究所 所長。

http://www.bo-sai.co.jp/

―主な著書―

『ＮＨＫまる得マガジン 家族を守る！現場に学ぶ防災術』（ＮＨＫ出版）
『南三陸町 屋上の円陣―防災対策庁舎からの無言の教訓』（ぎょうせい）
『みんなの防災えほん』（ＰＨＰ研究所）監修 ※中国語、韓国語に翻訳出版
『スマート防災―災害から命を守る準備と行動』（ぎょうせい）
『新・人は皆「自分だけは死なない」と思っている―防災心理』（宝島社）
『近助の精神―近くの人が近くの人を助ける防災隣組』（きんざい）
『防災・危機管理の再点検―進化するＢＣＰ（事業継続計画）』（きんざい）

（２０１９年7月現在）

災害に強いまちづくりは
互近助の力～隣人と仲良くする勇気～

令和元年 8 月 30 日　第 1 刷発行
令和 7 年 5 月 20 日　第 5 刷発行

著　者　山 村 武 彦

発行所　株式会社 **ぎょうせい**

〒136-8575　東京都江東区新木場 1 - 18 - 11
電話　編集　03-6892-6508
営業　03-6892-6666
フリーコール　0120-953-431
URL：https://gyosei.jp

〈検印省略〉

印刷　ぎょうせいデジタル㈱

ISBN978-4-324-10691-4
(5108548-00-000)
〔略号：互近助〕

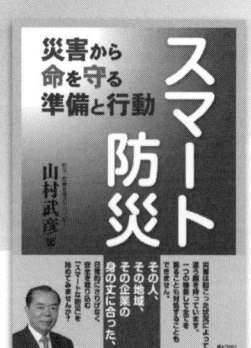

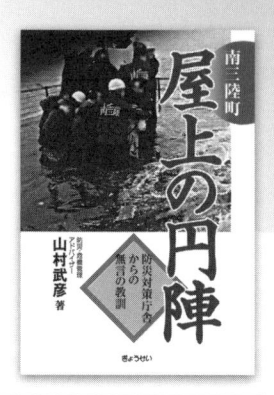